秘伝
組合活動の楽しみ方
組合運営・組織拡大 編

「秘伝」編集委員会　編著

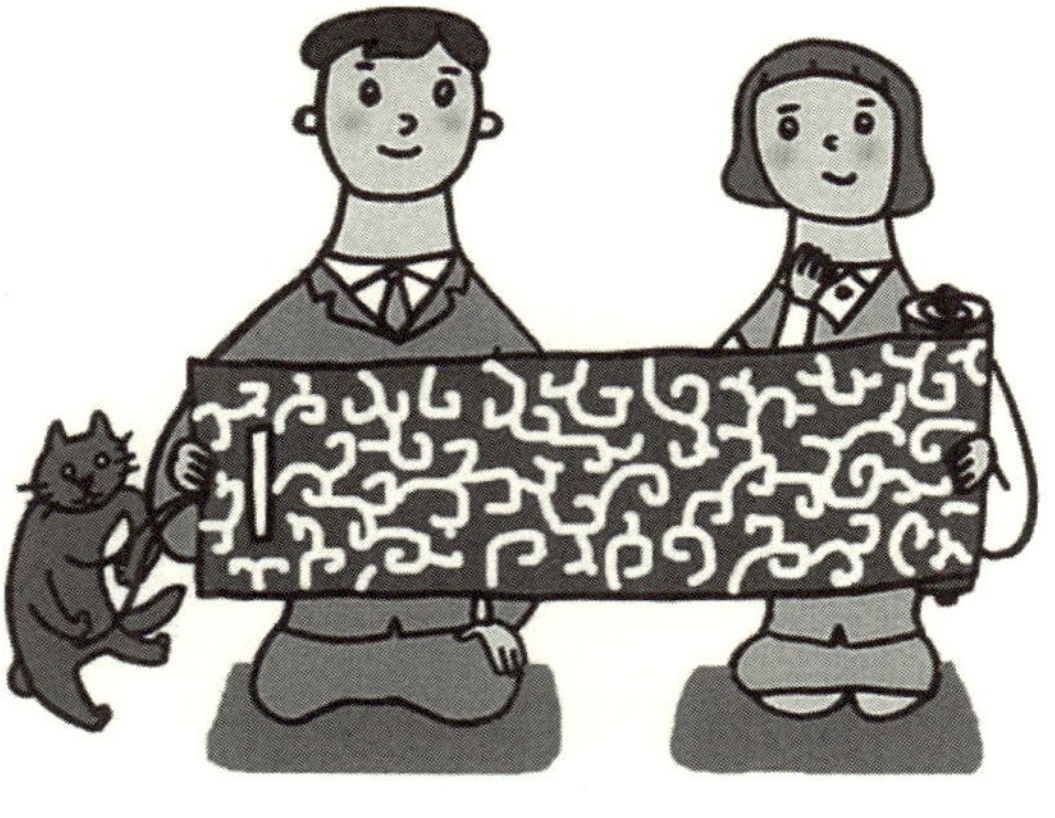

学習の友社

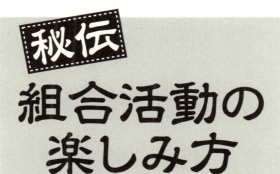

刊行にあたって

うれしい話が全国どこでもされる。そんな組合活動にしたいという思いから、大上段に〝秘伝　組合活動の楽しみ方〟との題で、月刊誌『学習の友』２０１４年３月号からシリーズとして企画しました。労働者と労働組合の実態を直視し、まねをしてみよう、前向きに実践しよう、可能性や楽しさを追求しようというものになればと、以下のようなコンセプトでおこなうこととしました。

①労働者・労働組合がいま抱えている悩みや問題などについてできるだけ具体的に記し、労働組合運動の必要性や役割、可能性や楽しさを追求するものにする。
②「組合活動の楽しみ方」の具体的なとりくみ、生きた実践例を紹介し、まねをしてみよう、前向きに実践しようというものにする。
③とりくみの生きた事例は、どういう背景で、どういう経過をたどって到達したかということを重視する。その事例の積み重ねから教訓化・普遍化していくことを試みる。

２０１４年9月号までの7回連続のシリーズでいったん終了しましたが、同年10月号から第二巻として再開し、２０１５年4月号で終了することとなりました。このシリーズで貫いたことは、悩み、失敗をくり返しながらも、仲間を信頼して新たな可能性や楽しさを追求してきた「生きた実践」です。思いもよらず、読者のみなさんから多くの共感が寄せられました。

刊行にあたって

「組合専従になって3か月。毎月楽しみだった執行委員会が毎月一番緊張する日となり、でもみんなにささえられてがんばっています。『組合活動の楽しみ方』には活動のヒントがたくさん。『大事だからこそ疲弊してはいけない』、一人の力は弱いけど団結することで大きな力を発揮する、みんなでつくる労働組合をモットーに私も自分らしくいたいと思います。」(30代女性)

「役員のなり手がなく、ベテランばかりになり、一般組合員との距離が縮められず組合員の減少に歯止めがきかないという声があります。確かに仕事をしながらの活動は楽なものではありません。この連載の中で、楽しみを見つけたいと思います。」(50代男性)

「私の職場では、『組合は洗脳する組織』などのマイナスイメージが若者の中に根強くあり、それをどう克服するかが大きな課題となっています。『組合活動の楽しみ方』は『組合活動は夢の実現』とするなど労組のイメージを180度変えるもので素晴らしい。」(50代男性)

「まさに目からうろこの連続。『運動を広げたいなら活動するな』にはじまり、『管理せず、失敗は気にせず、思い切って活動するための条件をいかにつくるかが私たちの活動にとって大事』とのまとめまで、ウンウンと頷きながら読んだ。」(50代男性)

もちろん「組合活動を楽しむ」ためには、いろいろと工夫やしかけ、努力、援助が必要です。そのとっておきの「秘伝」が各回で紹介されました。それでは、〝秘伝　組合活動の楽しみ方〟のスタートです。

２０１５年10月

「秘伝」編集委員会を代表して　根本　隆

三　新たな挑戦、人づくり編　65

イラスト　岡田しおり　カバーデザイン　かんきょうムーブ／西村織愛

しかし、少しずつでも世論が変わってきています。財界を中心に意図的につくり上げられた非正規雇用の増大、労働者を使い捨てにするようないまの社会はおかしいという声が広まってきています。「就職活動をしても何十社も受けても内定が取れないのはおかしい」「ブラック企業では働きたくない」「こんな低賃金では生活できない」など、以前であれば「自分で選んだ道だから…」「不景気だから…」と思わされていたことが、私たち労働組合などが声をあげ続けたことにより変化が生まれてきています。「自己責任」の呪縛から解放するためには、労働組合が必要です。あなたの職場に、青年・非正規の方がいっぱいいませんか。気楽に声をかけ、気楽に参加できる労働組合の姿を見せていくことが求められるのではないでしょうか。

2013年10月20日に開催された「全国青年大集会2013」（激しい雨の中の集会に全国から1500人が集まった）

切実な悩みに応えられるものに

読者のみなさんは、組合活動の必要性や重要性については十分理解し、一生懸命、実践しているでしょう。しかし、やるべきこと、課題が山積する中、どうしてもやらねばならない課題に追われてゆとりを失い、とりくめないまま終わらせてしまう課題もある。ましてや、がんばってもがんばっても前進を切り開くことが容易ではない状況で、ピリピリしながら深刻な顔をして活動している。――そんなことはありませんか。

「無権利状態はおかしい」「雇用と生活を守ろう」「だからこそ労働組合に入ろう」と呼びかけるわけですが、「それでは入りましょう」「労働組合をつくりましょう」ということに単純になるわけではありません。既存の労働組合の多くが組織的な先細りの中にあり、次世代、若い世代の獲得にもがき苦しんでいます。ある学習会でこんなことを言われました。「書いてあること、話されたことは当たり前のことだし、そういう労働組合にしたいです。でも、忙しさの中で会議が開けない、開いても少ししか参加できない。結果として、要求をまとめ上げて経営者と切り結ぶような団体交渉ができない。どうしたらいいのか」。土台としての学習は必要ですが、切実な悩みには具体的な解決が求められています。そうした悩みにこたえるものができないかと挑戦したのが、このシリーズです。

執筆者で集まり、話しあったところ、「組合活動の手引き・手順」についてはすでにたくさんの本で紹介されているし、そうしたことを知らずに悩んでいるわけではない。必要なのは、「労働組合があって良かった」という実例であり、「感動をつくれるかどうか」がカギになる、「活動に行き詰まっている役員も少なくないけど、それでも活動を続けているのは『組合が好きだから』ではないか」と議論がすすみ、「ホントは労働組合活動って楽しいはず」と発展。「組合活動の楽しみ方」というキーワードが出てきたときには全員が「これだ」と膝を打ちました。

まねをしてみよう、楽しもうというものに

新しく役員になったけれど、前任者のようには

一

組合運営の秘訣　編

その一　悩みは問題解決の出発点

根本　隆／全労連副議長
五十嵐建一／全労連青年部書記長

こんなうれしい話、全国に広げたいですね

組合の活動を通じて、「一緒にがんばる仲間が増えた。他職場で知らなかった人たちとも仲良くなれた」「いろいろな話が聞ける、新聞やテレビで知ることのできない情勢など知ることができる」など、組合活動の楽しさや魅力を感じた話。全労連青年部の２０１３年12月の交流会で、こんな発言がありました。

僕はパートで働いています。労働組合にはパートも加入できます。初めて参加した企画では、すべてが新鮮で、〝こんなに面白い人がここにいるのか〟という衝撃を受けました。そのままの流れでいくつもの企画に参加しているうちに、執行委員になってしまいました。僕は労働組合が大好きです。会議に参加すると元気がもらえます。職場でうまく伝えきれないことが課題ですが、会議で学んだ経験を職場活動にも活かしていきたい。

私は以前いわゆる「ブラック企業」に勤めていました。いまの会社は他の人に聞けば「普通だよ」とのことですが、私からしたらとてもいい労働条件です。その理由は、労働組合ががんばった成果だと知らされて労働組合はスゴイと思った。そのことがきっかけで労働組合に加入し、いま執行委員としてがんばっています。

とてもうらやましく思いませんか。労働組合の役員をやっていて、こんな話をされたら、うれしくて涙が出てしまいますよね。

でも、こんな声聞こえてきませんか？

その反面、「青年が組合活動に参加できるようにしたい」「学習企画にはなかなか来てもらえない」と、面白さをもっと多くの人に伝えたいのにうまくいかない、やり方がわからないという声。仕事が忙しいので会議や行動が入ると睡眠時間すら削られてしまう。ひとつの活動に協力をすると、次から次に頼まれ自分の時間が削られていくという悩みが語られます。組合に入っていることが大変そうと思われ「大変だね、がんばれ〜！」と言われると、「〝一緒にがんばろう〟じゃないの？」と寂しさすら感じると。

職場の中から、こんな声が聞こえてきます。

・毎日残業、まともに休みがとれない
・職場がギスギスしている。みんななんとかしたいと思っているけどため息ばかり
・組合から職場で会議をしましょうと言われるけど、開いても意見は出てこないし、愚痴の言い合いと雑談になってしまう
・組合の会議に出るとむずかしい話をされるし、よくわからない。おもしろくない

そして、組合役員になった人からは、こんな不満が出されます。

・労働組合の役員やるといろいろやらなくてはならないのでもうイヤ
・執行委員会が課題と点検ばかりで、つまらないし、参加が悪い
・職場の仲間からはいつも不満を言われ、説得やお詫びに回っているみたい
・県労連に相談行ってもつめられてばかり
・宣伝行動・署名行動にとりくむこと、面倒くさいしはずかしい
・土日や夜に会議や行動が組まれて、家族と過ごせない。家族からブーブー言われる
・自分のやっていることに自信が持てない
・夜、考えてしまって、眠れないことが多い

「当たり前だと思うことが通用しない」「あるべき論ばかりが幅を利かせる」「結構たてまえばかりで実態から出発していない」、こうした労働組合になっていませんか。

実は、こうした悩みこそ問題解決の糸口なのです。

働くこと、生きることの息苦しさがまん延

労働者を平気で使い捨てる「ブラック企業」が横行し、まともに就職できない若者がいっぱいいます。多くの若者が正規雇用で就職できず、非正規雇用で働くか失業かを余儀なくされています。正規で就職できても、生活できる賃金が保障されず、サービス残業の強制など無権利状態にさらされています。まともに働くことが制約されている青年・非正規労働者の多くは、「自己責任」と思い込んでいます。いま、正規・非正規を問わず、この国で働く労働者には、生きること、働くことの息苦しさが蔓延しています。

すすめられない、うまくいかないなど、活動に悩んでいる仲間に、どうすればうまくいくのか、全国のすすんだ実践例、職場・地域でのとりくみの生きた事例を紹介し、「あ、これならうちでもできる」など、まねしてみよう、前向きに実践してみよう、という気になってもらうことを目的に企画されたものです。

準備にあたっての論議で、そうした悩みや問題を出発点にして、失敗もくり返しながら一歩ずつ前進させてきた職場、地域での労働組合活動のとりくみを紹介できればとの思いが共通認識となりました。

労働組合運動を活性化させるには、活動のマニュアルとともに、この観点が不可欠なのだと思います。「組合活動を楽しむ」ポイント、かたく言えば、「役員としての喜び」ということですが、みなさんは考えたことがありますか？　役員なんて、忙しいだけで苦労ばかりだ、などと言わずに、ちょっと考えてみましょう。

「役員としての喜び」と言えば、まず何と言っても、「労働条件の改善をはじめとする要求の前進」であり、「組合員の拡大・増加」などをあげる人も多いでしょう。しかし、ややもすれば、要求は前進したか、組織拡大はすすんだかといった成果・到達点だけで評価しがちですが、一つの目標に向かってみんなで運動を前進させているという「達成感」や「やりがい」も大きな喜びです。「がんばったね」などの励ましの言葉があればいっそううれしいものです。

そして、もう一つ忘れてならないのは、仲間がいきいきと活動している姿を見ること、さらに、そうした活動を通じて仲間たちが成長していることを実感できることも、役員にとって大きな喜びだということです。運動を成功に導く組織強化の視点と言ってもいいでしょう。いま、こうした視点を強く意識して活動することが強く求められているのではないでしょうか。そして肩ひじ張らずにちょっとゆとりをもって、こうした視点を貫こうというキーワードが「組合活動を楽しむ」ということです。

［解説］若者を覆っている生きづらい社会

根本　隆

●若者の過半数が非正規か失業を余儀なくされている

５年ごとに調査をおこなっている総務省の「就業構造基本調査」によれば、１９９２年と比べて２０１２年には非正規労働者が倍加し、２０４３万人で雇用労働者の38・２％に達しました（図表１、２）。15〜24歳の非正規率は43・８％にものぼり、失業率は６・３％（厚生労働省「労働力調査」２０１４年）に達していることから、若者の過半数は非正規で働くか、失業状態を余儀なくされています。「就業構造基本調査」では、最初に就いた仕事の雇用形態を聞いていますが、２００７〜２０１２年の間で、初職が非正規であった人が39・８％に達しています（図表３）。男性は29・１％ですが、女性が49・３％と約半分に達しています。非正規から正規への転職は困難であることから、非正規で働き続けなければならないという雇用状況が青年と女性を覆っています。

●年収200万以下が1000万人を超え続けている

国税庁が２０１５年９月に公表した「民間給与実態統計調査」によると、給与所得者数４７５６万人の平均給与は前年比１万４０００円増の４１４万円となりました。しかし、10年前との比較では１割もの減少です。また、給与階級別には、１００万円以下が４１７万８０００人（前年比３万人減）、２００万円以下が７２１万４０００人（前年比２万３０００人増）で、両方を合わせると１１３９万２０００人で、全体の24％を占めています（図表４）。３００万円以下では実に40・９％となります。

●正規であっても安定した職場ではなくなっている

全労連・若者雇用プロジェクトが２０１２年秋におこなった「青年の仕事と生活実態アンケート」では、正規の組合員中心の集約となったにも関わらず、「１か月の手取り」は、平均年齢28・１歳で平均額19・０万円、20万円未満が51・３％という状況でした。もう一つの特徴は、「職場の不満」は、「賃金が少ない」55・６％に続き、「人手が足りない」39・１％、「労働時間が長い」16・７％という結果でした。

２０１３年12月に発表された厚生労働省の「ブラック企業調査」では、サービス残業、名ばかり管理職、賃金不払い、職場のパワーハラスメントなど、82％にのぼる企業で法令違反が蔓延しているという事態も明らかになっています。青年を取り巻く状況は、非正規雇用では暮らしていくことができず、正規であっても必ずしも安定した職場ではなくなっています。

図表1　2000万人を超える非正規労働者

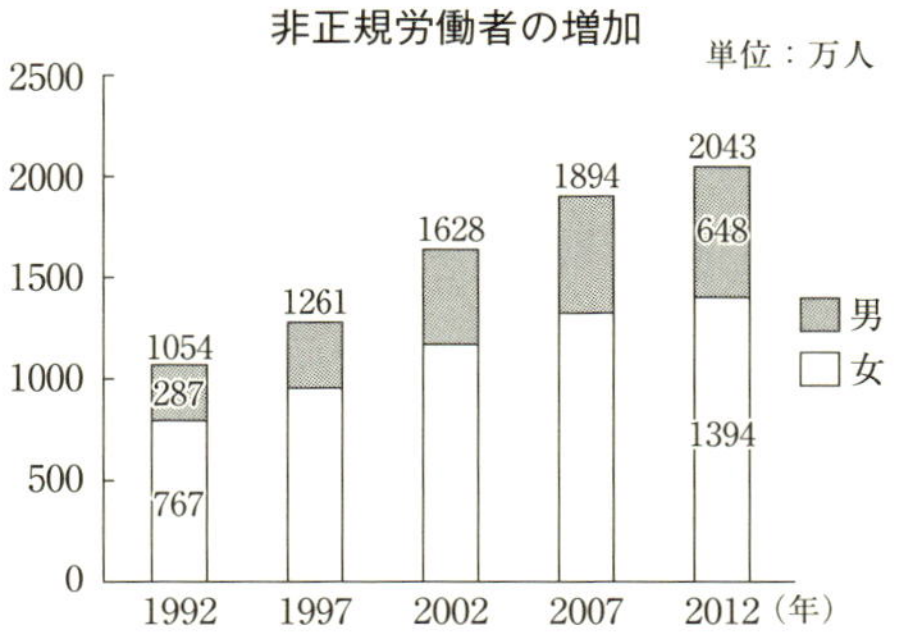

図表2　6割に近づく女性非正規労働者

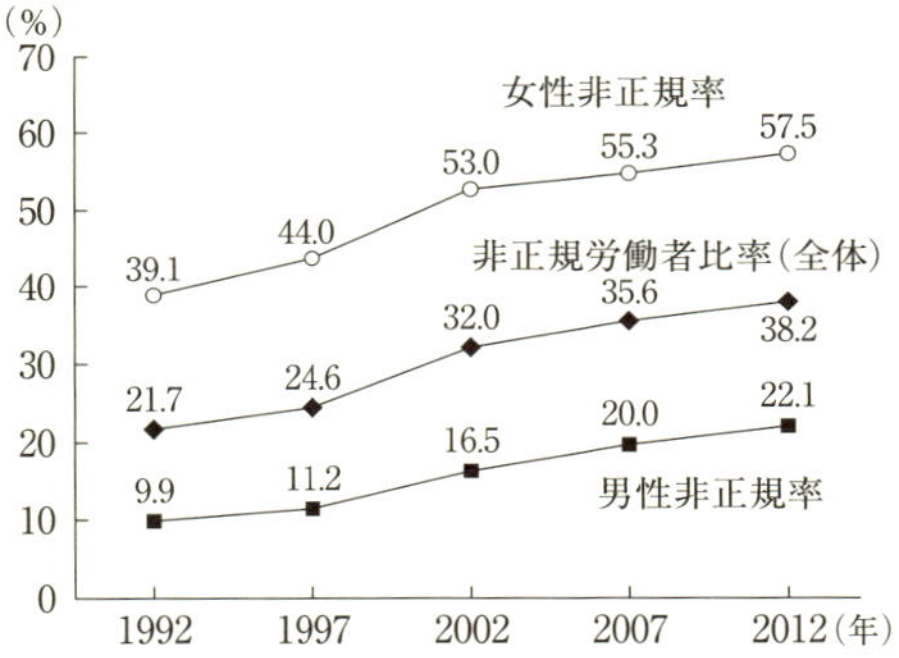

出所：総務省「就業構造基本調査」

図表3　「初職が非正規」が4割に

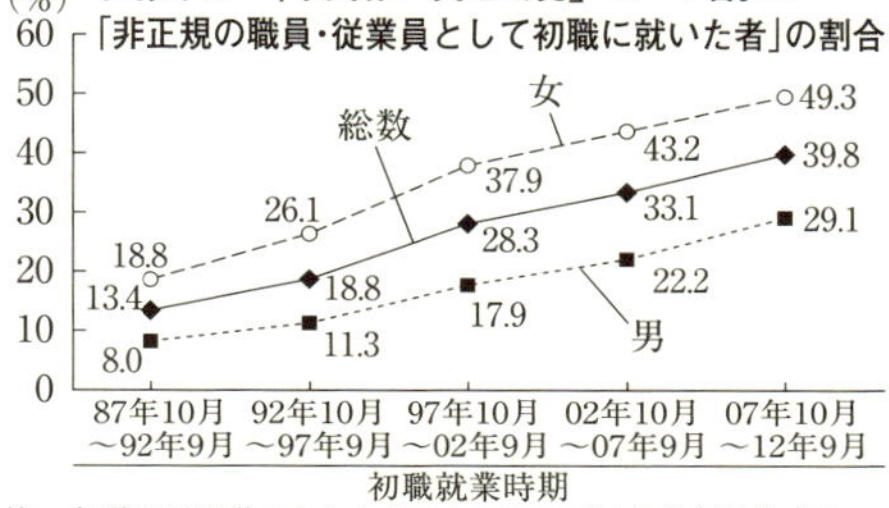

注：初職には通学のかたわらにしたアルバイトなどは含まない
出所：総務省「就業構造基本調査」2012年

図表4「年収200万円以下」が9年連続1000万人超

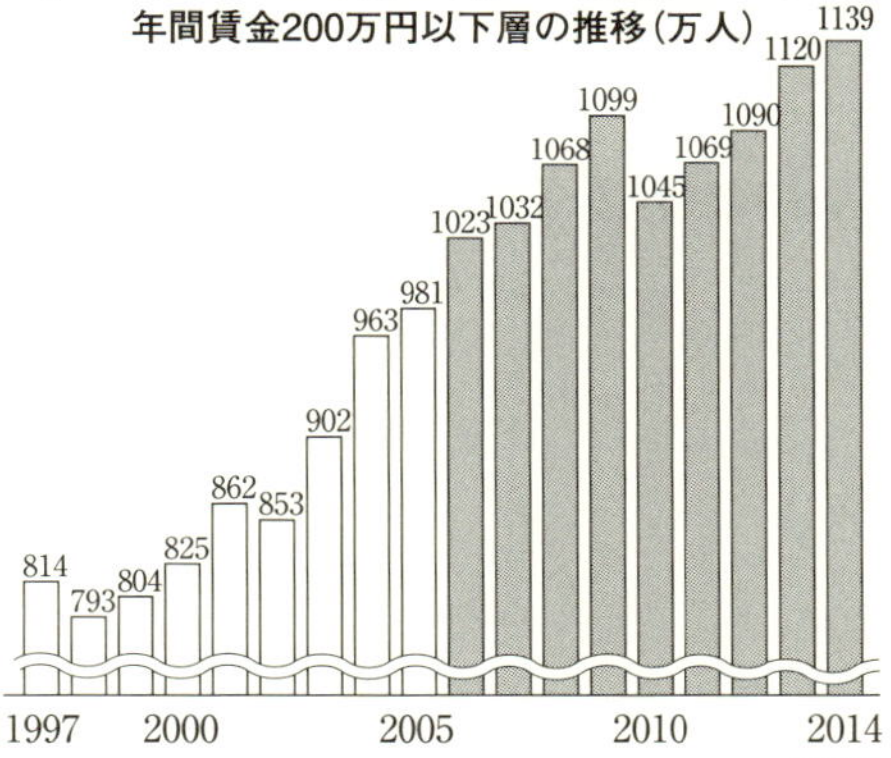

資料：国税庁「民間給与実態統計調査」から作成

●団結してたたかえば前進できる実感の共有を

前述したように、若者の多くは劣悪な雇用選択を余儀なくされ、団結して解決する機会に接することができずにいます。「自己責任」論に支配されながら、社会に対する絶望感から自暴自棄的な行動に及ぶ事態も起きています。

それでも、いま全国の労働組合では、彼らを仲間にという努力がすすめられています。労働組合の推定組織率は17・3％と調査開始以来の最低を更新しました。しかし、パートタイマーなど短時間雇用の組合員数が前年より5万6000人増加し、女性の組合員数も2万人増加し、いずれも過去最高を更新しました。単産・地方組織での非正規・女性労働者の組織化の努力がすすめられ、組織比率は年々上昇しています。非正規、青年、女性を労働組合に迎え入れて、団結してたたかえば前進できる実感を共有しましょう。

その二 「幸せだなぁ～」と感じる組合活動

平野竜也／岐阜県労連事務局長

1 「幸せだなぁ～」と感じる組合活動

(ア)「恋する企画」で気づいた組合活動の基本

岐阜県労連青年部準備会では、「恋する企画」という青年の出会いづくりを目的にしたイベントをおこなってきました。私はこの活動をするまで、「労働組合がなんでこの活動をしなくてはいけないの?」と思っていました。しかし、気づかされたことがあります。それは青年が仲間を誘うことや、会議を開き企画をつくることなど一つひとつが組合活動とつながっていることでした。出会いの場を提供するわけですから男女同数にしなくてはいけません。新しい青年を連れてくることも重要です。どんな企画だったら来てくれるのか。楽しんでくれるのか。どうしたら、新しい青年を連れてこられるか。そんな活動を真剣に議論している青年をみて、私は「幸せだなぁ〜」と感じずにはいられませんでした。

(イ) カレンダーづくりで気づいた学習の基本

長時間労働で悩んでいる青年がいたので労働時間を記録するカレンダーをみんなでつくることになりました。「恋する企画」で仲良くなったメンバーと以前から協力していただいていた青年といっしょカレンダー作成に取りかかりました。

このカレンダーは日付部分と労働者の権利部分に分かれていて、権利部分をつくるのがこの企画の中心でした。最初に提案したときに「ふ〜ん、こんな権利があったんだ」とか「自分の会社ではこんな制度は無いな」など感想がでます。その後、法律の内容をみんなにわかりやすく伝えるにはどうしたらいいだろうと、権利部分の表現を変えていきます。たとえば「この使用者って表現は社長じゃだめなの？」とか「法定休日は休日でもいいんじゃない？」など意見がでます。こうしてできたカレンダーは毎年約１０００冊が売れています。青年ユニオンの花村さんは一人で１００冊売りました。「すごいな〜」と尊敬してしまいます。学ぶことと活動することが一体となった活動となっています。

(ウ) KEN'S CLUBで気づいた仲間の成長

２０１３年12月に憲法を守るための音楽イベント「KEN'S CLUB」を開催しました。きっかけは、ある飲み会で生協労連の堀田さんが、「憲法を守るための音楽イベントをやりたい」と言ってくれたことでした。青年を集めて会議を開きましたが、みんな音楽イベントの経験があまりなく初めてのことだらけです。このイベントに何人集まってくれるのか全く読めませんでした。１か月前の集約段階で参加は思わしくありませんでした。最近組合に入った青年ユニオンのIさんは1枚もチケットが売れないでいました。他の人は、マスコミに要請に行ったり、組合の会議でフライヤーを配ったり、友人や昔の恩師にチケットを売るなどのとりくみ報告がありました。Ｉさんも友人には声をかけていましたが「参加する」と言ってくれた人は一人もいませんでした。するとＩさんは「50枚くらいフライヤーをもらっていいですか？　僕、通勤途中のバス停でフライヤーを配ってきます」。大胆な提案でした。そんな勇気ある行動に私も実行委員も俄然やる気になりました。彼の奮闘もあり「KEN'S CLUB」は80人参加の大成功となりました。

準備も楽しい時間…上・12月に行った恋するキャンドルの準備／下・労働時間カレンダーを作成

2　できていなくても楽しめる

（ア）結果はでなくても努力に感謝する

青年たちと活動しているとうれしくなる毎日です。でも、すべてがうまくいっているわけではありません。たとえば、会議に人が集まらなかったり、会議で決まったことがやられていなかったり、結果がうまくいかないことも多々あります。たとえば、せっかく会議で決めても、人を集められなかったり、チラシを任された人がチラシをつくってこなかったり。こういうことはよくあります。運営する者としてイライラしたり、ときには愚痴の一つでも言いたくなることもあります。

でも、私は現象面だけで相手を非難するのは間違いだと思います。なにより私も、家にチラシの作成や電話かけなどの活動を持ち込んでも、なかなかやれません。青年にも青年なりの理由があるんです。「仕事から帰ってきてチラシつくらなきゃいけないと思ったらしんどくなった」というのも私はりっぱな理由だと思います。そんなとき、「その場でやろう」と提案しています。チラシができていない場合は、手書きでもいいからその場でつくる。人が思うように集まらないときにはその場で、電話をみんなでかける。みんながいることでなんだか楽しくできるようになります。みんなの意見や評価をもらうことで良いものができあがることもあります。会議ができなくてもそうした作業に切り替えた方が、みんなが活動を楽しめるようになります。

みんなは仕事を持って、がんばっているんです。その余暇の時間を使って組合活動に参加してくれています。会議へ来てくれただけでも私はうれしいです。だから、会議は常に前向きに、そして、青年には常に「新しい人を連れて来られない？」とお願いしています。新しい人が加われば新しい出会いとなります。そして、新しい活動に進歩を遂げるわけです。

(イ) まかせて幸せ。思った以上の結果も

仲間にまかせたらいろんなことで幸せを感じられます。チラシづくりや会場の予約、人集めなど、とにかくいろんなことをお願いしています。藤原さんはチラシを担当してくれています。いままでは手書きでつくっていただきましたが恋する企画で初めて「パソコンでチラシをつくりたい」と言いました。休日を利用して県労連に来てもらいチラシをつくってもらいました。私なら2時間もあればチラシはできますが、彼女は1日では終わらず、なんと自分の休日を2日間も使いチラシ

を作成しました。そのおかげでチラシを見て参加したいと言ってきた人が2人もいました。まさに、チラシの成果です。私のつくったチラシではこうはいきません。しかも、藤原さんは、当日仕事のため自分は参加しないのに力をつくしてくれました。申し訳ないと思いましたし、同時に感謝

20着注文したKEN'S CLUB Tシャツ

の思いでいっぱいになりました。その後、藤原さんは青年ユニオンに加入をしてくれました。

また、KEN'S CLUBで医労連の廣瀬さんは自分のデザインしたスタッフTシャツをつくりたいと言いました。会議でみんなも大賛成。実行委員は7人しかいませんが、なんと2800円のTシャツを20着もつくることになりました。売れるあてなんてありません。しかし、みんな「20着なら売れるよ」と前向きな議論でした。私は内心どきどきしていました。「赤字になったらどうしよう」そればかりを考えていました。ところが、心配することはありませんでした。廣瀬さんは組合の集会でTシャツを売り、友人にも買ってもらいすべて売り尽くしました。買っていただいた方に感謝しつつ、廣瀬さんの行動力に驚きました。

また、国公労連の加藤さんは普段はおとなしい好青年ですが、恋する企画の会議で、友人の田中さんをつれてきました。普段から「誰か新しい実行委員を連れてきてね」とお願いしていましたが、加藤さんが連れてくるとは思いませんでし

た。加藤さんの連れてきた田中さんはとても頼もしく、加藤さんとともに田中さんはなくてはならない存在になりつつあります。その後、田中さんは青年ユニオンに加入しました。こんな風に仲間や組合員を信じて活動すると応えてくれる仲間がいることは本当に頼もしくうれしくなります。

3　みんなで感動する

(ア)「みんなで考え、みんなでつくる」が今後の活動の力に

恋する企画では必ず、参加者から「参加してよかったありがとう」と言われます。実行委員のみんなはそれがうれしくて続けているのかもしれません。みんなで考えみんなでつくった企画です。みんなは自分たちの企画という意識が強いのだと思います。誰からも喜ばれる企画をつくっていることが、活動をまたやりたいとの力となっていると思うのです。そして、新しいメンバーが加わりながらちょっとずつ進歩と変化を続けているのです。

(イ)カレンダーが1000部売れました。やってよかったに

5000部も売れれば大ヒットというカレンダー。労働時間を記録するカレンダーは毎年1000部売れます。もちろん岐阜県内だけでなく、全国へ発送しています。できるだけコストを抑えるために、手作業でつくっています。労働組合からは「労働時間短縮などの啓発活動に」、大学からは「卒業予定の学生に」と注文があります。そのたびに、青年には「こんなところから注文があったよ」と報告をしています。参加した人たちも「やってよかった。また、やりたい」と言ってくれています。今年もカレンダーを作成しています。

（ウ）KEN'S CLUB は成功と感動

KEN'S CLUB の最後に生協労連の堀田さんは訴えました。

毎年大好評の労働時間カレンダー（上は2013年版）

「安倍首相は憲法を変えて戦争する国にしようとしとる。俺はただ、朝起きて飯を食って、仲間と酒飲んで、子どもや家族と遊んで当たり前の日常を送りたいだけや。そやけど、日本が戦争する国になったら俺たちの当たり前のことが当たり前でなくなってしまう。どっか人ごとのようにニュースが流れているけど、こうした集まった俺たちの想いはやがて大きな力となる。今日集まってくれたみんな、戦争のない平和な日本をつくろう。岐阜から世界に発信していこう」と。

涙があふれそうになりました。こんなに頼もしい仲間がいるのです。仲間の力が私の想像を超え、企画を成功へと導いてくれます。組合活動は夢の実現です。苦労もありますが、楽しく活動し、幸せを実感することが私たちの活動の推進力となっています。

（エ）尊敬する仲間がいるからこそ楽しい

いままで紹介してきた私たちの活動はみなさん

にはどのように映ったでしょうか。岐阜県労連青年部準備会には今回は紹介しきれなかった素晴らしい自慢の仲間がまだまだ、たくさんいます。岐阜県労連青年部準備会の仲間の誰もが私にはない才能をたくさんもっています。岐阜県労連は彼らの力を借りることでたくさんの活動ができるようになりました。これは、まさに岐阜県労連の財産です。しかし、こうした活動の話をすると「仲間を増やせば、増やした仲間の面倒をみなくてはいけない。いまの活動が手一杯なのにそんなことはしていられない」と言う人がありました。私はそのとき、「もっと人を好きになってほしいなぁ」と言うことにしています。一人ひとりができることは知れています。私はいろんな人と出会って話をして、「ああ、この人といっしょに活動してみたい！」とか「この人のこんな能力すごい！　組合に入ってくれたら岐阜県労連はもっと面白いことができる」と思って勧誘しています。結果、面倒をみるというよりは彼らに私が支えられているのです。そんな頼もしい仲間に支えられて、私が幸せでないはずありません。

憲法を守ろうと訴える堀田さん
＝KEN' S CLUBにて

（このような経験を積み重ね、準備会は、２０１５年６月に岐阜県労連青年部として新たなスタートをきりました。）

その三　活動するみんなの笑顔がみたい

平野竜也／岐阜県労連事務局長

1　たくさんの人で多様な活動を

その二では岐阜県労連青年部準備会の活動を3つ紹介しました。ひとつは恋する企画、2つ目は働いた時間を記録するカレンダーづくり、3つ目は憲法を守る音楽フェス＝KEN'S CLUBでした。実はそれぞれの活動は基本的には別々の青年がそれぞれ5人から7人で担当しています。掛け持ちしている人もいますが、なるべく、一人一活動に抑えるようにしようとしています。単組・産別の活動もありますが、同じ人がたくさんの活動をやるようでは「活動は広げられない」という観点から、たくさんの人で多様な活動をできるように試行錯誤を続けています。

2　運動広げたいなら活動するな

「忙しいのでこれ以上できない」という悩みをよく聞きます。運動は広げてこそ運動ですが、多くの人から話を聞くと、①運動が広がらない、②後継者が育たない、③誰も私の代わりをやってくれないなど、こうした悩みを持っている人には共通点があります。なんでもできる優秀な人で、運動をまじめにとらえて誠実にとりくもうとする人です。私は「運動広げたいなら活動するな」と思っています。（声に出しては言いません。言ったら怒られてしまいます。）企画からチラシづくり、会場おさえから、参加集約まですべてを自分でこなす人がいます。これでは運動の自転車操業です。なので、「忙しさの質」を変えることにしました。とにかく、たくさんの人に運動に関わってもらうことが重要なので、自分はあまり直接的なことをしないで、たくさんの人を会議に来てもらうよう、試行錯誤し、来てもらった人に運営してもらうことが必要だと思いました。いや、そうでなければならないと思いました。私は先ほどいった3つの会議にでていますが、最初のころと比べると私の活動はものすごく楽になりました。青年は会場を探したり、チラシを作成したり、参加を呼びかけたり。仕事が忙しくて会議に来られない人のフォローも会議に来ている人が対応してくれます。私はお菓子やお茶を出すことが仕事です。

3　あなたを信じるから任せる

（ア）責任は私がとるという魔法の言葉

新しいイベントをする際には「失敗しても責任は私がとるよ。だから、思い切ってやってね」と言葉に出して言うことにしています。

実際に青年といっしょに活動していて私が責任をとらされたことはありません。私が青年を信じれば、青年だって私を信じてくれるはずです。もしくは、「私が信じる」と言葉で伝えることで青年も「そこまでしてもらって悪いな」と思ってくれているから参加してくれるのかもしれません。

逆に「責任者はお前だ、お前だ」と言い続けると、活動が重く感じて、やる気をそがれてしまうか、必要以上に慎重になりすぎで何もできなくなります。

私が事務局長になったころ、「平野君はこれからどんなことでも責任感を持ってやらなきゃいけない」「これは君の仕事だ。あなたが先頭を切ってやらなきゃいけない」と言われました。甘えていると言われるかもしれませんが私はこうした言葉が「しんどいな」と感じていました。それと同時になんだか孤独感にも襲われました。

(イ)活動に寄り添う

活動は任せることで運動が広がっていきます。しかし、ただ単に任せるだけでは活動は広がりません。活動をまかせたら、丁寧に寄り添っていくことが大事だと思います。

相談されたら、背中を押してあげることが大事です。相談することは自分に迷いがあるだけで、誰かに話すことで頭の中を整理する行為だと私は思っています。だから、よく話を聞いて、よほどのことがなければ、「それで間違っていないと思うよ」と伝えています。

たとえば、チラシをつくってくれたときに感想を言うようにしています。チラシを配ったときにもらった人の感想も伝えることにしています。いつも、岐阜県労連の活動をしてくれたときには「ありがとう」を言うようにしています。相手に素直な気持ちを伝えることは恥ずかしいかもしれませんが、気持ちは言葉に出さなくては、相手に

岐阜県労連の青年の活動の現在のイメージ図

それぞれの企画に役割分担がある。

なるべく同じ人で固まらないようにする。多様な要求を持つ仲間が多様な企画をつくる。岐阜県労連の活動が多様になり、活動する仲間が増える。基本的には組合員に限定してはいない。

これで組織として運動の総量は増える。

一人一人に与えられる裁量も増える。

個人負担も減る。なにより自己決定権があり誘う仲間の反応がうれしい。

（ウ）組合活動を通して心にふれる

伝わらないのです。

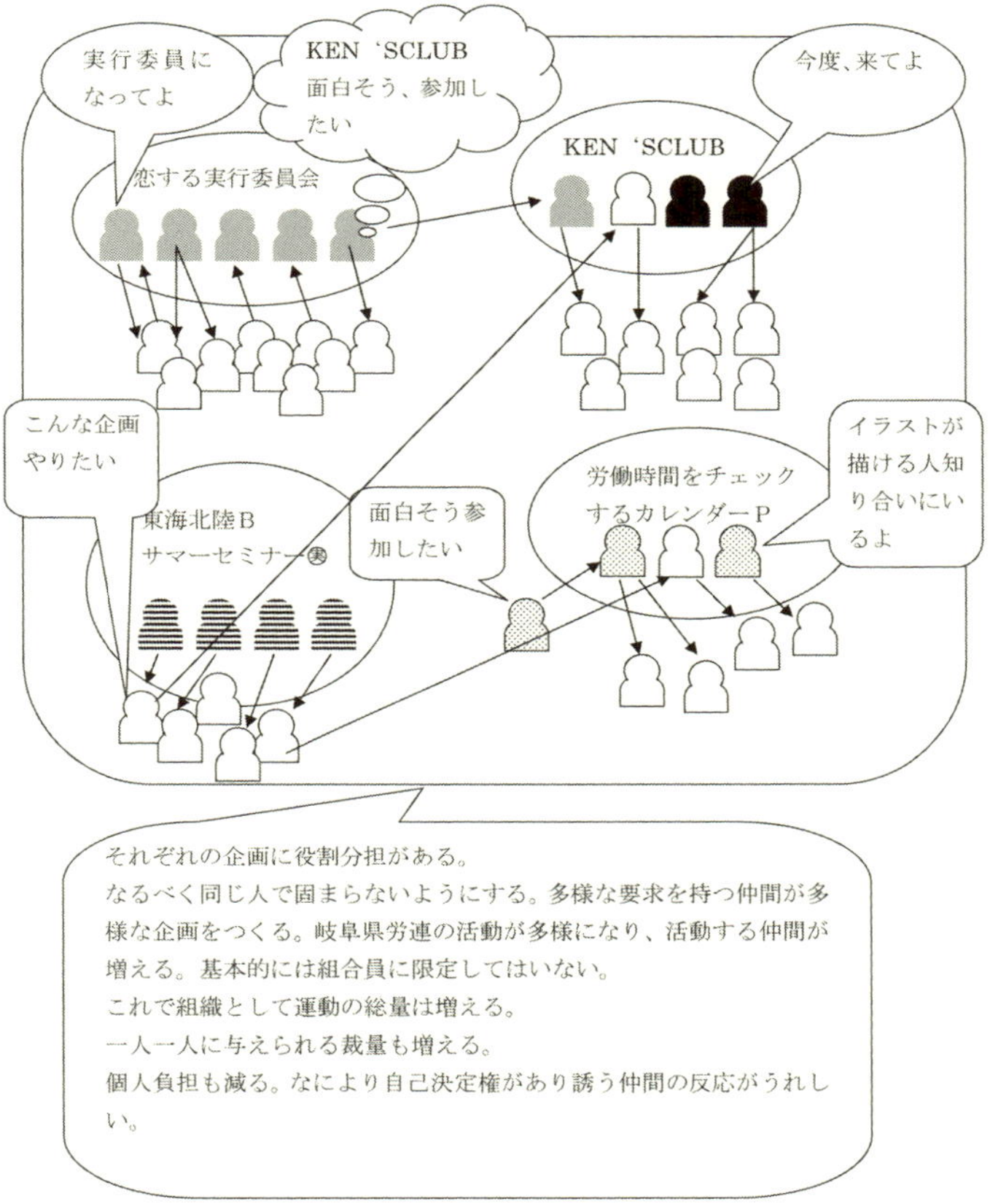

あるとき組合未加入の青年が仕事のことで悩んでいたので、単組の役員の方に「仕事のことで悩んでいるそうだから、話を聞いてあげてもらえないかな？」と相談しました。役員の方は「わかった、それじゃあ、その人のメールアドレスを教えて」と言われました。私は「メールじゃ相手の心に届かないよ」とだけ言っておきました。メールは便利です。時と場合によりますが、メールだけで相手の心にふれることができるでしょうか？　相手の心にふれるには相手のしゃべり方、しぐさ、言葉に隠された色んな意味を感じてみたいと思うのです。相手と思いがつながるような活動をしたいです。だから、私は直接会

って話を聞いてみたいと思っています。時間があれば職場を訪ねて役員さんの話を聞きたいと思っています。そこにはたくさんの想いや情報がつまっています。

みんなが組合活動に参加することが大事ですが、活動が意義と任務だけになっていることが多くなっているように感じます。組合活動を続けていきたいと思ってもらうためには組合活動を通して青年の心にふれなくては意味がないと感じています。

(エ) 正しいことが何かはわかってくるよ

青年たちがとりくむことには、あれこれ文句は言わないことにしています。なぜかというと、せっかく活動に参加しても、あれこれ注文をつけるとやる気をそぐことになるからです。こう言うと「言わなければならないことは伝えないのはおかしい」という意見を言われます。私は大切なことは活動を通して、学んでほしいと思います。失敗も含めてそう思います。失敗がなにか、課題がなにかは、誰かがあれこれ言わなくてもわかるはずです。私はそうした理屈よりも、もっと大事なことがあると思っています。

ある青年が私のところに相談にきたので青年の主張にそういくつかのアドバイスをしたことがあります。すると青年は「そう思うけど、そんなことをしたら○○先輩に怒られるよ」「○○先輩はそんなこと絶対許可してくれないよ」と言ったので、「怒られないことが大事なら怒られないように無難にやるしかないね。でも、僕は一番大事なのは『君がやりたいことがある』ということだと思うよ。その君が正しいと思った活動をしてみたらどうかな」とアドバイスしました。もちろん、その青年にとって簡単ではないことはわかっています。それでも、自分が正しいと思う選択をしてほしいのです。

私は決定的に間違っている活動なら、反対しますが、それ以外のことはなるべく、考えてもらうような提案にしています。さらに、なるべく表現は「僕はこう思うよ」「僕はこう考えるよ」という表現にしています。「しなければならない」「それはだめだ」と強い否定はきつい表現となります。先ほどの青年のように本当はやりたいことがあるのに怒られることが怖くて、言うことを聞くしかない活動では、つらいと思います。その結果、怒られるのが怖くて指示を待たなければ動けない活動になっていくのです。管理統制の活動は、常に何らかの指示を続けなければいけません。また、管理統制の下では彼らの自発性を失う結果になります。さまざまな理由をつけて活動から遠ざかる人も増えていきます。どんどんやる気がそがれ、正しい判断もできなくなります。

　そういう点で「管理せず、失敗は気にせず、思い切って活動をする」ための条件をいかにつくるかが私たち役員にとって大事なものとなっています。

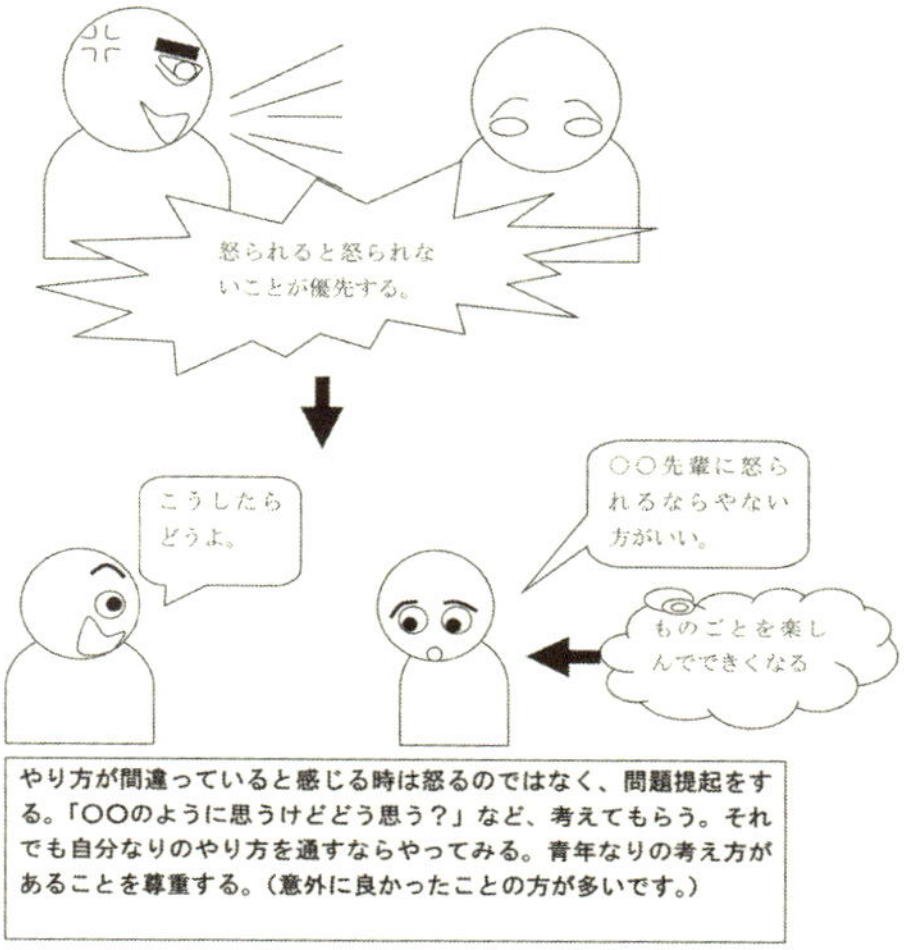
怒られると怒られないことが優先する。
こうしたらどうよ。
○○先輩に怒られるならやない方がいい。
ものごとを楽しんでできくなる
やり方が間違っていると感じる時は怒るのではなく、問題提起をする。「〇〇のように思うけどどう思う？」など、考えてもらう。それでも自分なりのやり方を通すならやってみる。青年なりの考え方があることを尊重する。（意外に良かったことの方が多いです。）

やりたいことをやり、できたことを喜ぶ心を大事に

4　成功するか否かはやる前から決まっている

(ア) 参加人数＝呼びかける対象者×０・５

　集会に成功するか否かはやる前から答えがでています。自前でいろんな企画をする場合は講師の人の知名度がものすごくある場合以外は、チラシだけを見てくる人は全体からすればわずかです。

岐阜県労連青年部準備会では呼びかける人数×0・5が参加人数とはじき出します。つまり、呼びかける対象者が何人いるのかが参加者人数を決めることになります。すると、おのずと出てくる解決方法は「呼びかけてくれる人」を増やすこととなります。つまり、集会を成功させるには、組合員や実行委員を増やすことが求められているのです。

一見、こうしたシビアなとりくみも案外、新しい仲間が増えれば楽しんですることができます。新しい仲間を増やすためには楽しんで会議をやります。楽しんで会議をやるためには新しい仲間を増やす必要があります。

5　組合活動でみんなの笑顔がみたい

岐阜県教職員組合は数年前まで組織拡大で苦労をしていました。会議で拡大の話をしても、重い雰囲気が続いていたといいます。私もお邪魔して見学させてもらったときのやりとりを覚えています。

Aさん「Bさん拡大グッズ渡せた？」

Bさん「夜、残業しているときに2人きりになったのでチャンスかと思ったんだけど…」

Aさん「…渡してないんだ」

当時のやりとりはこんな感じでした。組合を紹介するチラシを渡すのですら困難な状況でした。話を聞くと教員は仕事も忙しく組合活動をすればもっと忙しくなります。組合の大切さはわかっても、組合に加入を勧めることは相手を不幸にしそうで、こんな苦労は私たちだけで十分というような気持ちがあったと思います。

転機が訪れたのは、岐阜教組が共済活動のキャンペーンの一環でおこなったボウリング大会です。ボウリング大会には組合未加入の人の参加も多数あり、日頃仕事でたまったうっぷんを晴らすようにボウリング大会は大盛り上がりだったそうです。組合に入っていない若い人たちのうれしそうな顔を見て、組合員の心にも大きな変化がありました。

岐阜教組が企画する集いや学習会に組合員の人が少しずつ、組合に入っていない人たちを誘えるようになったそうです。そして、組合加入もちょっとずつ、しかし、確実に前進しました。そうです！　誰だって人の役に立つ活動がしたいんです。仕事だって組合活動だって、あなたの笑顔が見られたら、あなたの「ありがとう」が聞けたら私たちはどんなに幸せなれるだろう。私はもっといいことができると信じています。ボウリング大会は拍手や笑顔、一つひとつがきっと幸せな時間をつくり出していたに違いありません。

6　偉そうなこと書きましたがまだまだ道半ばです

2回に渡って偉そうなことを書きました。わかったようなフリをしているだけではないかと思ってなりません。きっと、みなさんにもすばらしい経験があると思いますし、もっと良い活動もあると思います。岐阜県労連は試行錯誤の日々ですし、私自身も挑戦するとストレスがたまります。怖くて夜も寝られないときもあります。でも、終わってみればやってよかったと思えます。

職場では非正規雇用の拡大やパワハラや長時間労働などによるおよそ人間らしいとは言えない職場環境が広がっています。私たち労働組合の出番はますます増えるでしょう。だからまずは、あなたの笑顔がみたい。あなたの心にふれたい。私たちのたたかいはそこから始まると思うのです。

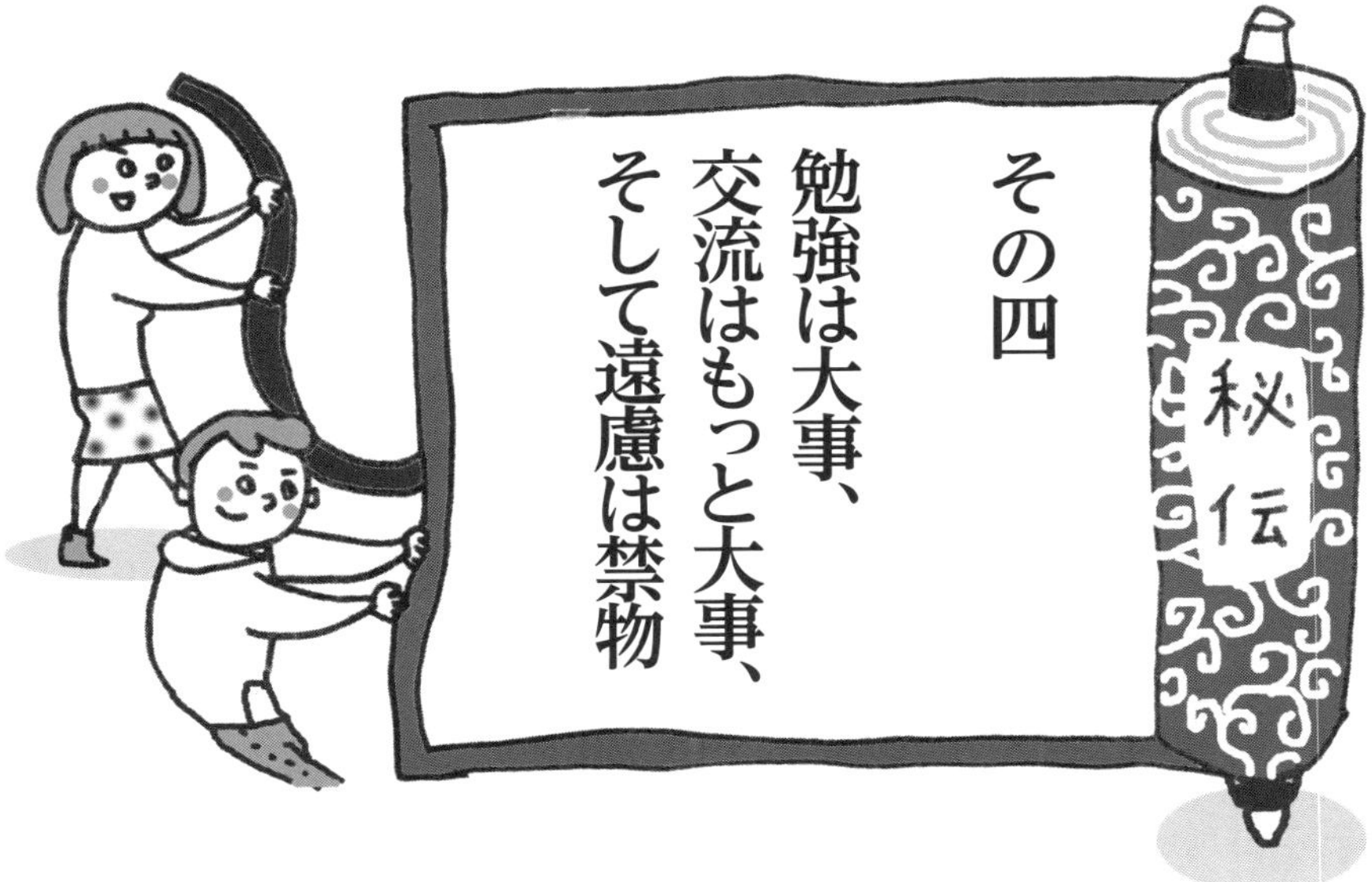

その四　勉強は大事、交流はもっと大事、そして遠慮は禁物

越後屋建一／秋田県労連事務局長

はじめに

体育館に響く「い〜ち、に〜、えい！」の掛け声と歓声、広がる笑顔。秋田県労連青年部主催のエクササイズ教室の光景。今年（２０１４年）２回目だ。今回は「カポエイラ」というブラジルの武術を応用したもので、インストラクターを呼んでの本格的なもの。「またやりたい」の感想が出ている。

秋田県労連青年部の交流会は、ばらつきはあるが毎回二桁の仲間が集う。初めての人もいるはずだが、みんな仲が良い。仲が良いといえば、単組の新入組合員歓迎会に来賓で行っていたはずなのに、ちゃっかり司会進行をやっている人もいる。それがまた違和感がない。やらせる方も青年部の仲間だ。「すごい」集団である。

片道80キロを終業後にやってきて、1時間の会議に出て、みんなが飲んでいるときにお茶で我慢して、深夜に帰っていく。つらいはずなのにまた

カポエイラというブラジル武術の流れをくむ「カポエイラ」を体得!?（下）／バレーボールをはじめ、バスケット、ボウリングなど、身体を動かすことが大好きな青年部のメンバー（右）

次もやってくる。会議自体がイベントなのだ。

県労連のいくつかの加盟組合には青年部や女性部があって、それぞれ活動を続けている。でも、その方々が県労連の集会や勉強会、交流会に姿を見せることはほとんどなかった。青年部再建準備会を立ち上げたのが２００８年。再建大会は２０１１年７月。秋田県労連の青年労働者が、どこでどう変わり、どう進化していこうとしているのかを本稿で探ってみる。

既成概念にはまっては先がない
―遠慮しないで課題をぶつけあうことが成功の鍵

労働組合の組織拡大と強化、活性化を議論すると、必ずと言っていいほど「若い仲間の参加」「女性の参加」が大切だということが確認される。秋田県労連も大会方針で青年部の再建・活性化を方針化した。各労組に呼びかけメンバーを派遣してもらい、青年対策部（準備会）を立ち上げた。

ベテランの幹部は自分たちの若いころを思い出し、「青年大交流集会」や「連続学習会」の実施を思い描いていた。準備会から、こんな提案を持ちかけられるのかなと期待していた。

ところがそうすぐにはいかないものである。「会議、飲み会セットでやっていいすか⁉」「勉強もやるけど、交流会がメインということで」「勉強なら参加費出すというけど、交流会セットだとダメっていう組合があるんで、事務局長、説得してくれないすか」など遠慮なしの要望をぶつけてきた。基本、丸のみした。要求をぶつけてくるということは、「やることはやる」という意識の表れである。実際、「県労連って何だ？ 基本を学ぼう（2009年3月）」、「青年部ってどうなの？ 何なの？ 学習会（2010年7月、講師は全労連青年部書記長野村氏）」といった学習会も開いている。

試行錯誤の連続、それもまた良し

ただ、そう簡単に人が集まるものではない。事前に日程調整をし、正式な案内状を送り、メールで確認をとる、この作業をくり返してもなかなか日程が合わない。ふたを開けたら3人だけ、といったことも珍しくなかった。ドタキャンも珍しくない。会議が成立しないのは仕方がないと諦める（というか気にしない）が、飲み会の勘定が合わなくなるので、携帯で呼び出し、とにかく飲み会だけには来させる、という執念も発揮した。彼らは手を変え品を変え、チャレンジし続けた。「ボウリング大会と交流会」「バスケットボール大会と交流会」「バレーボール大会と交流会」「卓球大会と交流会」、全国青年大集会には「屋形船でおつに楽しもう」のツアーを自分たちで全部手配して参加と、とにかく組合の垣根を越えた交流をやり続けた。県労連の事務所に行くことが肩肘張らずにできるようになった。

「交流」から「学習会」へ、目の色が変わった

このままでいいのか？　と心配の声が出てきた頃、「県労連って、相談活動をやってるそうなんだけど、どんな内容すか？　学習会やってもらっていいすか？」と声がかかった。

「やります」と即答。勉強会は講師の話を聞くだけにはしない。あらかじめ参加者をグループに分け、解雇や賃金不払い、有給休暇取得拒否などの相談事例をいくつか用意し、どのような解決策があるかを話しあい、発表する。県労連の役員は最後に若干の解説をおこなうだけ。参考書は全労連の権利手帳や春闘ビラ。これが盛り上がった。

自分たちの職場にはたたかう組合があり、賃金・労働条件に差があっても、労働基準法や労働契約法などの基本的部分は守られている。守られているのは組合があるからであって、ないところは大変な状態にあること、また組合があってもたたかいが弱まると権利行使が難しくなっていくことが、その場で語られる。学習会後の飲み会でも話は尽きない。この学習会は準備会の2年間にパート2までおこなわれた。青年部ができた後は、学習会の成果を試したいので「テストをやってほしい」との要望が出され、本気の模擬試験までやった。100点満点が一人でた。自信あったのにと悔しがる方もいたが、めげない。またやると言っている。この人、単組では副委員長になった。2014年春闘のストライキでは集会の司会者を立派に務めた。

勉強会の一環で模擬団交もやった。これは後に東北ブロックの初級労働学校でも参考にしてもらい、講座に組み込まれた。模擬団交の会社側は県労連役員。同時に青年部側にも県労連役員が出て相談役となった。普段は元気な青年部も緊張の面持ちでなかなかうまくすすまない。こんなときは

本番さながらに「休憩」をとり、体制を立て直して団交をすすめた。この団交で立ち往生してしまった方は「組合役員は怖い」と言っていたが、その後単組の青年部長となり、県本部の執行委員に就任した。

学習会の一環でとりくんだ模擬団体交渉。きびしいやりとりに立ち往生して「組合役員は怖い」と言っていたメンバーがいまは単組の青年部長に

実は青年の活動から、組合幹部が学んでいる

「自分でやった方がよっぽどまし」、労働組合の役員は課題山積の中で時間にも気持ちにも余裕がない。それが青年部や女性部の課題であっても、ノウハウを持っているから、つい形だけの会議を開いて、後は一部少数の役員でやってしまう。一定水準以上の成果は収められるが、ノウハウを持っている人がいなくなったらどうなるのか。いま、期待する成果に届かなくても、やってもらうことが大切だと思う。

２０１４年３月、秋田県労連は2つの行事を立て続けにおこなった。一つは「介護で働く仲間の集い」。秋田市内を中心に２００以上の事業所に案内を出し、30人が参加。「排泄の自立支援」などについて現場のとりくみ報告で学びあった。この企画の中心は福祉保育労の青年労働者。次いで、「地域公開労働講座」。登録2年目の弁護士を講師に「労働基準法のイ・ロ・ハ」を学んだ。こちらも一般市民を含む30人が集まった。企画運営は地域労連だが、青年部の労働講座のノウハウが活かされた。

安倍政権の暴走が続いている。闘争課題は多い、困難なものばかりだ。労働組合への期待もまた大きい。いきおい、学習会や集会、各種の要請行動・交渉に力が割かれる。この活動はとても大事だ。大事だからこそ、疲弊してはいけない。労働組合は「たたかい続けること」ができなくてはならない。だから「よし、次はこれをやろう」という気になれるようなとりくみが大事だ。県労連青年部再建などと息巻いていたが、実はその過程で彼らからたたかいのヒントをずっともらってきた。県労連役員ががんばれるのは、彼らからいろいろ学んだからだろうと考えている。「人は教えることによって学ぶ」の例えを思い出した。

労働組合の運動には多くのドラマが存在している。労働組合の幹部はそれを見逃さないことが大切だ。喜怒哀楽をともに共有すること、これが大事だ。組合活動に参加するきっかけはいろいろ。ベテランの活動家にとっては、思いもよらない「問いかけ」や「要望」が出てくる。これを既成概念にとらわれて「否定」したら、そこで終わってしまう。受け止め、一緒に考え、行動する。答えが見い出せない、物事が進展しない、一生懸命語りかけてもリアクションがない、こんな場面は多々あるのだが、そのプロセスの中で組合幹部自身が一皮むけていく。先に紹介した、地域公開労働講座の2回目が決定した。県労連からの催促なしで準備がすすんでいる。我が意を得たりである。青年労働者、組合幹部双方が遠慮なしで格闘することで、双方が成長していく。スト集会で意気揚々とマイクを握る青年の姿を見て、満足そうにしてるベテランの横顔。まさしく「楽しんでいる」姿そのものだ。

その五
楽しくなければ誰もついてこない
みずから楽しむ余裕こそが組合の魅力

梯《かけはし》　俊明／映画演劇労働組合連合会（映演労連）書記長

はじめに

新入組合員向けのテキストに必ずと言ってよいほど書いてある「労働組合は産業革命下の英国のパブから生まれた」の一文。私たち映演労連はこの一文にしつこいほど拘《こだわ》り続けるあまり、テキストのその後の記述は自分でもあまり覚えて…。

しかし、居酒屋で聞いた某先輩役員の言葉はいまも忘れられず、自分にとっての組合活動の基本ともなっています。それは「組合だって楽しくなければ誰もついて来ない」の言葉です。これが、いざ実践しようとすると案外難しく、いつの間にか自分の眉間には皺《しわ》が、ふと気づけば周りの組合員は一様に疲労感溢《あふ》れる表情でじっと座っているだけ、ということも。また、解雇やリストラなど争議に際しては精神的にも楽しむ余裕がなくなってしまうものです。

そこで思い出すのが「英国のパブ」。原点回帰のために「居酒屋」をフル活用するわけです。会議や集会では拾いきれない愚痴や悩みを共有し、打開するためのアイデアを出しあうなど、本音で語りあえる場を設定するようにしています。

状況が深刻であればあるほど、この原点回帰は思いのほか重要だと考えるようになりました。社長の暴力事件があった支部の出来事です。団体交渉では全く見通しが立たず、裁判闘争への切り替えを検討する時期がありました。状況的に裁判が最良の選択肢であることが頭では理解できても、彼らにとって未経験のことであり、意見はなかなか固まらず対策会議では結論を見出すことができません。そんなときに助け船をだしたのは、既に裁判闘争真っ最中の別の争議団の青年たちでした。互いに顔と名前は知っている程度の関係でしたが、ある日の会議終了後にみんなで立ち寄った居酒屋で意気投合。彼らは裁判闘争に乗り出すことで理不尽な経営姿勢を徹底糾弾する覚悟を決めたのです。会議をくり返していただけでは導き出せなかった決意だったかもしれません。

ただし、困ったときは原点回帰＝居酒屋であって、映演労連が常に酒びたりだと誤解されないよう別の活動内容も披露します。いずれも「楽しむ」ことに特化したものですが、冒頭でも述べたように楽しい組合活動を目指している一環でもあります。

1　映演労連トレッキング苦楽部

世間で山ブームがささやかれ始めた10年前頃に産別公認のサークルとして誕生、「山ガール」の登場とともに飛躍的に活動量を増してきました。そんじょそこらの山岳サークルには負けない活動量を自負しています。低山から3000メートル級まで年間30回以上の山行と聞けばお判りでしょう。月3回近いペースですから、すべてに参加すると時間とお金が大変なことになります。下山後には居酒屋も待っていますので必ずしも健康に寄与しているという訳でもありません。

一緒に行けばザイルで繋いだかの如く強固な人間関係が築けてしまう映演労連トレッキング苦楽部

しかし、10年近く継続するうちに組合員だけでなくその家族や執行部から離れて普段は顔を合わせないかつての仲間と再会する良い機会にもなっています。更には某社の人事部長や某業界団体のエラい人も積極的に参加するため、場合によっては非公開の重要情報が得られることもしばしば。地球の温暖化によって自然環境が激変し、雷や暴風雨が頻発する厳しい環境だけに、一緒に行った仲間同士の結びつきはザイルで繋《つな》いだかの如く強固な関係が築けてしまいます。

2　映演労連カヌー隊

山の次は川です。サラリーマン転覆隊が話題になっていた12年ほど前、当時の産別の執行部を中心にお金を拠出しあって2艇のカヌーを購入しました。個人的に所有していた3名の組合員と併せて全5艇で映演労連カヌーツアーを精力的に実施した時期がありました。初めて参加した頃は、世の中にこんなに楽しいことがあるのか、と思ったほどでした。

当時、撮影所に働くアルバイトの青年（当時は非組合員）がカヌー好きらしいというだけで半ば強引に参加させたことがありました。右も左もわからない彼をみんなで取り囲んでは「組合とは楽しいものなんだ」と刷り込んだものでした。そのことが功を奏したか判りませんが、その後彼は組合に加入し撮影所の正社員にも登用され、いまでは産別の副委員長として青年部を担当する次世代のホープとなりました。

若い組合員に「極上の楽しさ」を味わってほしいとカヌー隊の復活を検討中

諸般の事情があって現在では休眠中のカヌー隊ですが、この「極上の楽しさ」を若い組合員にも是非とも味わって欲しいと復活の時期を見計らっています。

3　映演労連杯フットサル大会

日韓ワールドカップで日本中が熱狂した頃、産別の青年部でフットサル大会の試みが浮上し05年より毎年開催するようになった本大会は今年（2014年）で10回目を迎えます。参加チームは4～5組程度と少数ですが、応援部隊も入れて総勢40名を超える大会となり、いまや欠かせない行事に発展しています。このフットサル大会には特別ルールがあって、本来5名出場のところ、女性を加えれば6名までの出場を認めています。女性進出の著しい世の中となりつつありますが、まだまだ映演労連は男社会から抜けきれず、この特別ルールを活用できないチームも少なくありません。一方で、4年前に得点王になった女性選手が登場したのですが、彼女は単組の役員になったらしいとのこと。産別の執行部にも招き入れたいと狙っているところです。

いまや映演労連の行事に欠かせなくなったフットサル大会

4 「楽しむ」から芽生える強固な信頼関係

先にも述べたように組合である以上、さまざまな局面で深刻な事態は避けて通れません。想像以上の重圧に晒《さら》されることもしばしばです。ところが、そうした悩みや不安が共有されないまま事態がすすんでしまうとどうでしょうか。かつて職場閉鎖の争議があった際、当該単組は組合員（正社員のみ）の雇用確保を条件に終結を判断する寸前までいきました。多くの非組合員（ほぼ非正規）を置き去りにしかねない判断です。いくら産別と言っても単組の決定事項にどこまで口がはさめるか難しい局面でした。その突破口は数々の産別イベントを通して友人とも言える関係にあった当該単組の青年たちでした。単組の判断に違和感を覚えた青年たちは産別の仲間と相談をし、そこでたたかいの再構築を確認しあったのです。その後、

参加者も主催者もともに楽しんだバーベキュー大会

彼らは単組内で泊り込みによる徹底した討議を呼びかけて実施。一旦決めかけた判断を覆しました。当該単組はそこから更に半年間をかけて大闘争をくり広げ、非正規の組織化とその社員化要求をかちとったのです。

相互の悩みや不安を一瞬にして共有できる環境が、企業の枠を越えて醸成されていたからこその結果だったと思います。「楽しむ」を通じて顔見知り以上の強固な結びつきを得ることは数字で表せない組織力の向上だと確信しています。

現時点ではやたらとアウトドアの催しが多く、参加者に偏りもあることから多くの組合員の誘い出しに成功しているとは言えませんが、楽しさを追求する中で産別全体の活性化を図りたいと考えています。

なお、各企画を遂行する中で、運営側の人間が汗だくになって眉間に皺を寄せるようなイベントは取りやめるべきでしょう。参加者も主催者もともに楽しめ、役に立つイベントでなければ長続きしません。周りを楽しませるサービス精神も必要かも知れませんが、主催者みずから楽しむ心の余裕こそが組合の魅力に繋がると思います。会議にしても集会にしても、しかめっ面した役員ばかりが座っていたら参加者はどう感じるでしょうか。苦しく厳しいときこそ、明るく楽しい活動で牽引する姿勢が重要だと思います。

二 仲間づくりの極意 編

その一　仲間づくりは大事　みんなあなたの声がけを待っている

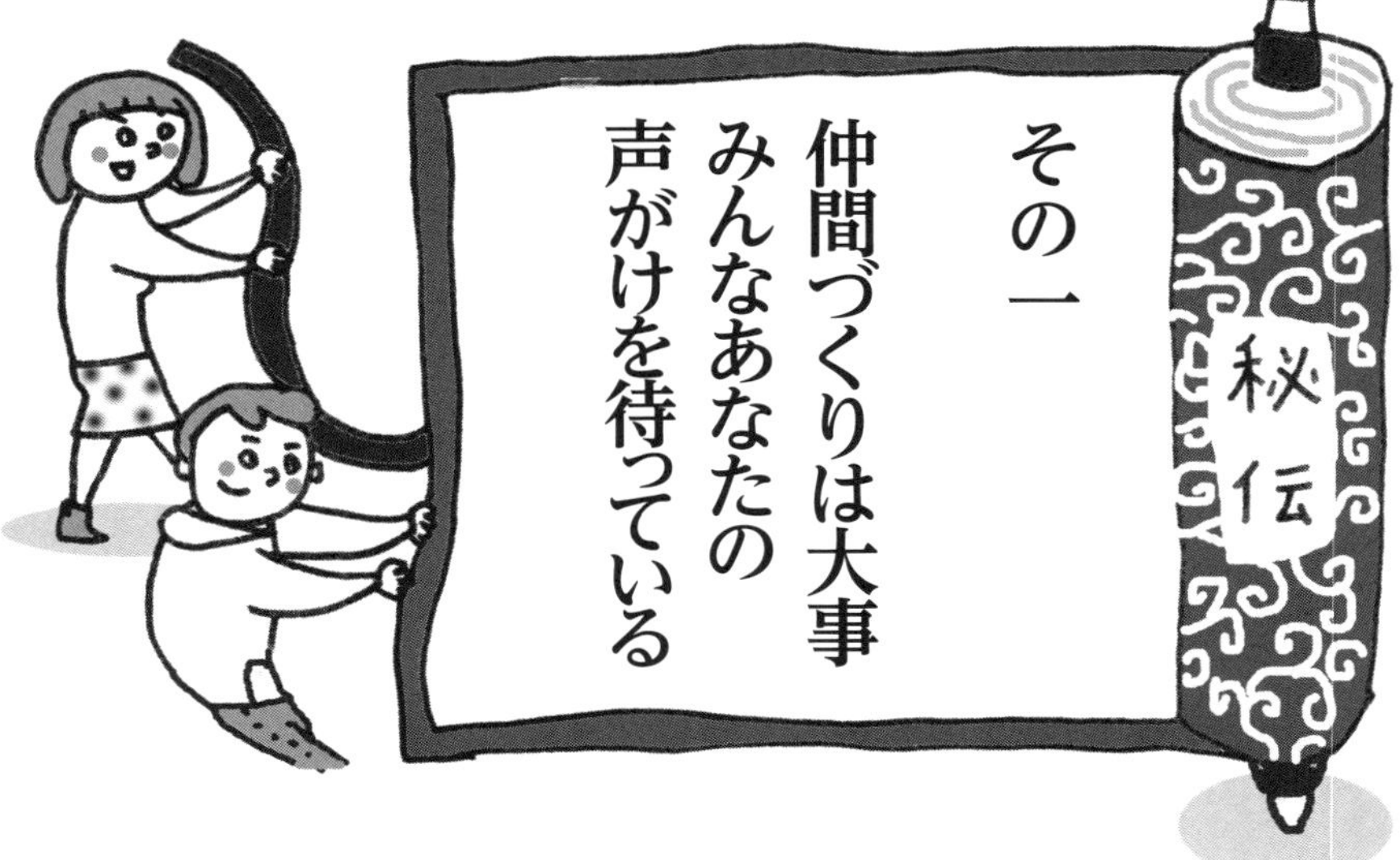

蛯名孝宏／自治労連中央執行委員

はじめに

「組合員がなかなか増えない」と悩んでいる組合役員は多い。みなさんの組合もそうではありませんか？　では、なぜ、組合員は増えないのか…？

私は、一番の理由は、「お誘いしていないから」だと思う。誘いもしないのに、「組合に入りたいんだけど、加入書のどこに印を押せばいいの？」と、いきなり組合事務所を訪れる者など、まず無いに等しい。

「守株《しゅしゅ》・株《くいぜ》を守る」ということわざがある。一度、木の切り株にウサギがぶつかり捕獲できたことに味をしめ、切り株の前で待ち続けるようなものだ。

「お誘いしているが加入してくれない」と嘆く方もいる。では、何度、声をかけたのか？……。大阪府職労（大阪自治労連）では、1人に10対話を追求することによって、組織拡大を推進している。10回対話したら必ず加入するというシステムは残念ながらない。しかし、対話をくり返すことは、相手に「加入してほしい」という熱意が伝わるはずだ。

「新採へ、どう労働組合を伝え、加入してもらうか」趣向を凝らし、時に笑わせ、泣かせながらの新採説明会の事例をいくつか紹介する。とりくみのエッセンスを汲みとり、楽しんで仲間づくりをすすめてほしい。

紙芝居ひと工夫で新採組合加入すすむ インタビュー（と称した加入呼びかけ）も継続中 〈青森自治労連〉

ここ数年、十数人ほどが採用されても加入は一桁…。これが本庁職場の実態。五所川原市職労では、もっとわかりやすく、新採さんに説明できるものはないものか、と思っていたところに千葉の『紙芝居』のとりくみを聞き、さっそくとりくむことに。プロ野球・サッカーの選手会会長と並べて委員長の顔写真を用意してうちわに貼ってみたり、「手作り感があって思いが伝わるのでは」と文字は手書きにしてみたりと作成し、臨んだ4月2日の昼の説明会。

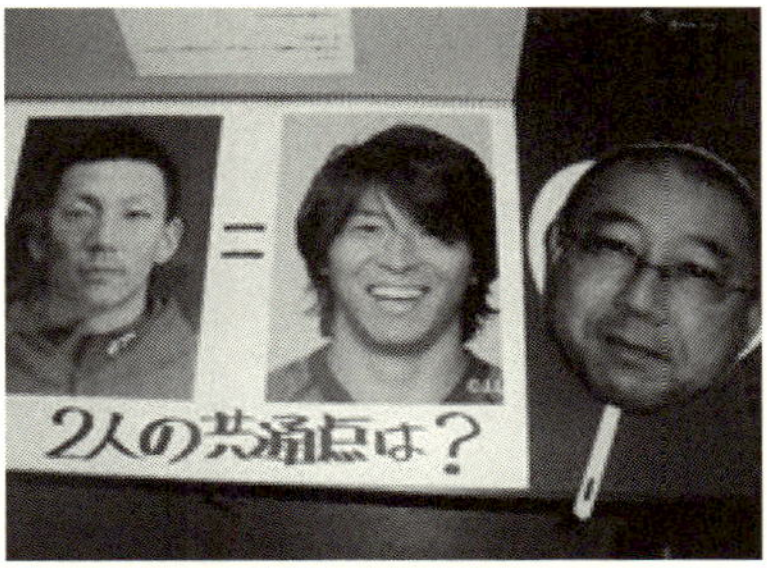

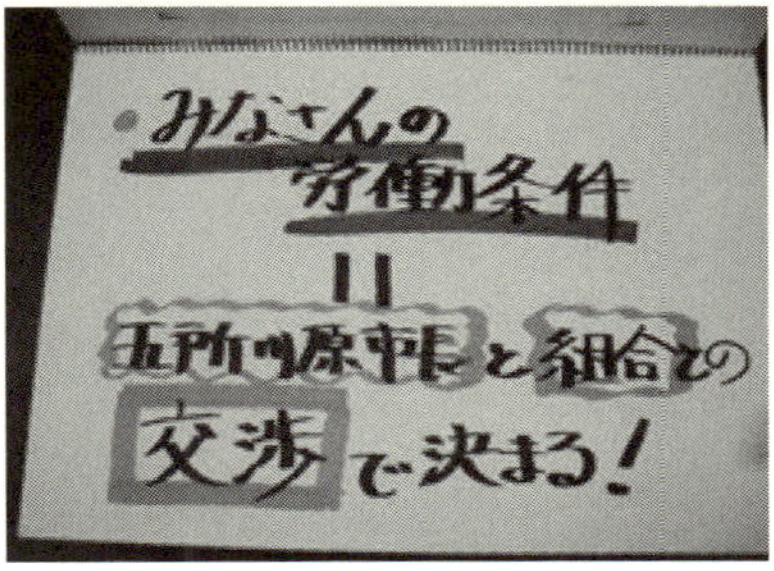

20代の書記長がスケッチブックをパラパラと用いて「この人だれかわかる人〜」「じゃあ、こっちは…」と軽快に加入届の書き方まで説明。紙芝居を実施している間に、一人ひとりに回って加入届を回収しようという作戦はうまくいかなかったり、自治労連共済説明の紙芝居を別にとりくんだら説明が長くなってしまったりとさまざまあった

が、これまでにはない10人がその場で加入してくれた。その後、翌週4月11日には約30人で歓迎会を開催し、おおいに交流できたほか、新人全員を機関紙で紹介する「新人インタビュー」（と称した加入呼びかけ）を継続してとりくんでいる。

誠実にお誘いすることは、決して相手にいやな思いをさせない〈自治労連愛知県本部〉

「要求実現のためにあなたの力が必要です」「あなたの力をみんなのために」――この訴えは自治労連の「春の組織拡大月間」において、集会や、組合員オルグで旺盛に展開された。

こう言われて、いやな思いをする人などいないのではないか。組合加入のメリット論も大事だが、私自身がそうだったように、そうきたら「意地でも入るか」という人間もいる。

でも、そんな私でも「お前の力を貸してほしい」と言われたら、めちゃくちゃ弱い。

自治労連愛知県本部では、「社会人なら労働組合に入って当然」とも訴えている。文章にすれば高圧的だが、「加入して欲しい」という真剣さが伝わる。豊川市職労では、組合未加入の非正規雇用労働者に対して、「あなたも組合を支える大事な一人です」と呼びかけたそうだ。ぐっとくる。私がその場にいたら泣きながら加入書を書く。

蒲郡市職では、新採説明会に、育休中の若手保育士が参加。「職場の環境が良いので私も戻りたいと思う。意見を出しあい、環境を改善するのが組合の役割。ぜひみなさんも組合に入って、一緒に活動しましょう」と呼びかけると、採用予定者から自然と拍手が沸き起こったそうだ。どんなお誘いトークより、赤ちゃんを抱く母の立ち姿には説得力がある。

『3・11岩手　自治体職員の証言と記録』に新採が涙〈東京自治労連〉

世田谷区職労では、新採説明会で、毎年青年の関心はどこにあるか、どう訴えるかを研究し、改良を重ねている。

今年（2014年）は―東日本大震災が発生し、大地震とともに津波が押し寄せた。その時、自治体労働者は何を考え、どのように行動していたのか―自治労連と岩手自治労連がまとめた記録『3・11岩手　自治体職員の証言と記録』を引用し、公務労働者（労働組合）の役割を説明した。会場からはすすり泣きが漏れ、アンケートでは「公務員として、全体の奉仕者という役割の部分が強く印象に残った」との声も寄せられた。

> **公務員と母親の狭間で**
>
> （新採説明会で引用）
>
> 救護所と疾病者の対応をしている間、一心不乱の時間と感情が抑えきれなくなる時間をくり返していた。子どもたちの安否と3人の同僚の安否。「きっと大丈夫。絶対生きてい

て」そう思わずにはいられない。負の思いに支配されると動けなくなる。私が動けなくなると住民に迷惑がかかる。思考停止させるほかなかった。頭の片隅に同僚3人のことが引っかかっている。目を閉じると考えてしまうのだ。そして、子どもたちのもとへ飛んでいき、この手で抱きしめたいという強い衝動に駆られた。一番下の子は3歳になったばかりで毎晩、一緒に寝ていたのに母がいなくて心細いだろう。いや、私が心細いのだ。子ども

『3・11岩手　自治体職員の証言と記録』自治労連・岩手自治労連編／晴山一穂監修、大月書店

たちのぬくもりを感じたいのだ。しかし、公務員である。全体の奉仕者という宣誓書が私の心を家族から遠ざけた。

（後略）

おわりに

なぜ、組織拡大をするのか、私は、「世の中を変えるため」だと思う。

いま、現場で困っている事象の解決も大事だが、労働者を苦しめている根源を改めさせない限り、真の解決はできない。たとえば、「制度」だ。「制度」を変えるためには、政治への関わりは不可欠だ。

「子ども・子育て支援新制度」を例にとろう。署名にもとりくみ、国会議員要請行動もしてきたのに、地方選挙になると、私たちの要求を実現しようとがんばる候補者の支援について「そういう

つもりで労働組合をやっているわけじゃない」と言われたりする。

ましてや、しがらみ（?）で、制度を推進する候補に一票を投じられたりする。確かに、思想・信条の自由は憲法で保障されている。しかし、それでは、いつまでたっても要求は実現しないではないか。

政治を動かし世の中を変え、労働者としての幸せをつかむためには、自分たちと同じ思いを共有できる仲間がたくさん必要だ。自分の職場はもちろん、隣りの課で、向かいの保育園で、病院で、介護施設で雇用不安におびえ、低賃金、劣悪な労働条件の下、苦しみながら働いている労働者が居はしまいか。私たちは「忙しさ」や「自分の守備範囲」を正当化して、現実に目を背けてはいけない。ともに手を携えて、労働者を苦しめる真の敵とたたかわなければならないのだ。

最近、耳にした素敵な話を最後に紹介する。コップを3つ用意して中に米を入れ、一つには罵声を浴びせ、もう一つは、ほめたたえる。そうすると、ほめた方より罵声を浴びせた方が早く米は腐る。ところが、この罵声を浴びせたコップより早く腐る米がある。そう、あと一つのコップ…。それは「何も声をかけてもらえなかった米」だ。（実験はしていないので、苦情は受けつけません（笑））

組合に加入していない労働者は、みなさんからの声がけを、お誘いを待っている。勇気を持って誠実に組合にお誘いしよう。

私たちの仲間を増やし、そして、すべての労働者がいきいきと安心して働き続けられる世の中に変えていこうではないか。

その二　1人の加入はみんなの喜び

笑いあり、涙あり、ドラマあり。組織拡大の喜びを味わおう

林　信悟／愛知県医療介護福祉労働組合連合会書記長

愛知県医労連の組織推移

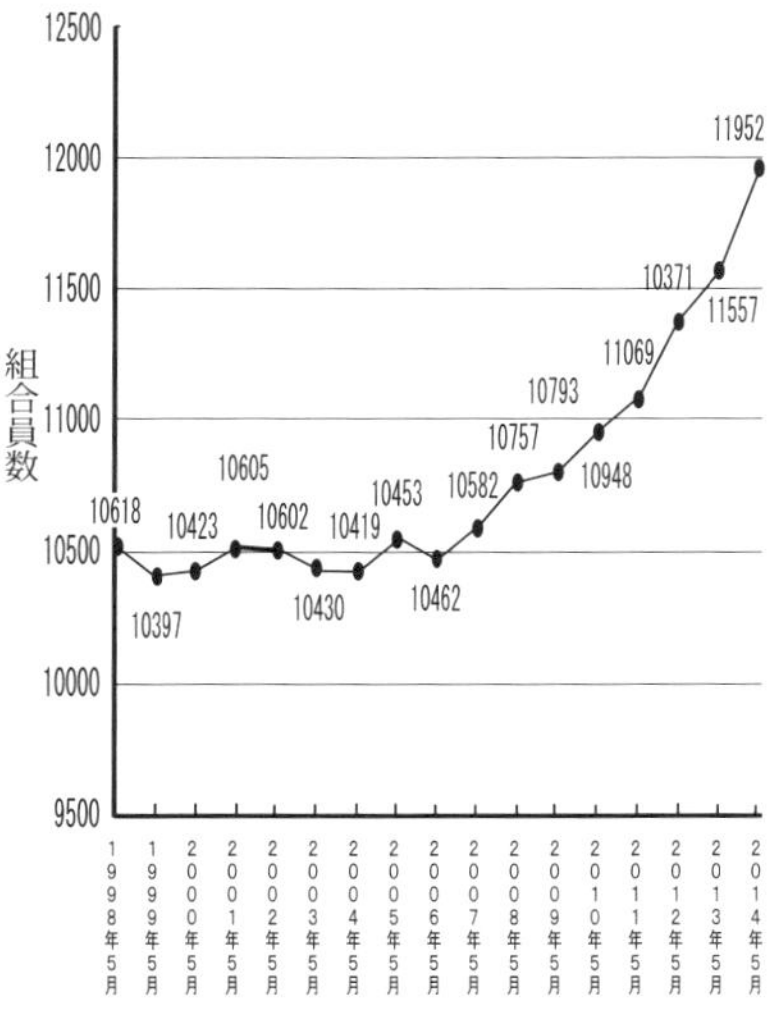

はじめに

愛知県医労連は２０１４年７月に定期大会を開催しました。前年から３９５名の仲間を増やし、８年連続組織増、７年連続最高組織数を更新することができました。46組織のうち５割の24組織が前年より組織を増やし、８割の39組織が新たに仲間を迎え入れました。

年間を通じた組織拡大を方針に掲げ、①組織の実態把握、②組織拡大ＦＡＸニュースの発行、③年３回の組織拡大合宿（９月、２月、５月）、④

定期大会での表彰、にとりくんでいます。組織拡大の原動力は何といっても年3回の組織拡大合宿です。

1　タコ（多幸）とフグ（福）の島

愛知県には日間賀島《ひまか》という、知多半島最先端に浮かぶ島があります。夏はタコ（多幸）、冬はフグ（福）が美味しく、海の幸が豊かな島です。

日間賀島のシンボル　タコの像にて

年に2回、慌ただしい日常から離れ、組織拡大にテーマを絞った組織合宿は、昼間から夜を徹して語りあいます。失敗談、成功体験、涙あり、笑いあり、ドラマあり。歌って、踊って、各組織の仲間が交流しあうことが、組織拡大に踏み出す力になっているようです。

2　「集団脱退」を乗り越えて

今年（2014年）の組織合宿、全医労豊橋医療センター支部の石川淳子さんはこう語りました。

「8年前、ある病棟で看護師20名が集団脱退し、組合活動に活発に参加していた仲間から『組合は何をやっているのかわからない』『組合費が高い』と言われ、とても悔しい体験をしました。組織合宿で愛知県医労連前書記長の原英彦さんから『医労連共済に加入した人は組合を辞めない』と言われて、医労連共済の加入を精力的にとりくんだ結果、6年間で組合員は104名増、共済加入者は228名増。組合員のセット共済加入率は7割を

組織拡大合宿夜の交流会　全医労の仲間

組織合宿の様子　日間賀島の公民館で

超えました。集団脱退はもうありません。原さんの言うとおり退職する仲間は、共済継続目的で県医労連の個人組合へどんどん加入してくれました。給付を受ける組合員も多くなり、とても喜ばれています。医労連共済は労働組合の『宝物』です」。

3　「組合消滅の危機」を要求前進で

秋は何と言っても職場要求での組織拡大です。7月～12月で500名拡大を目標に、要求アンケートや退勤時間調査など、総対話型の拡大行動を意思統一しています。

10年前、組合員8名と組合消滅の危機だった国共病組東海支部。当時、パート看護師の休日出勤や不払い残業は当たり前、パート検査技師は10年以上勤めても常勤化されず、パートに不遇な職場でした。パート看護師として働いていた坂口千鶴代さんは組合役員となり、次々と仲間を増やしながらパート要求を前進、現在では組合員を65名まで増やし奮闘しています。

坂口さんは組織合宿をこう言います。「役員になりたての頃、何から手を付けていいかわからなかった。組織合宿は職場のことを丸ごと語れる場所。問題をともに悩み、解決にむけて一緒に考えてくれる大切な仲間ができました」現在、72か月連続で仲間を拡大中です。

4 「新人100％加入」に執念

春の課題は何と言っても新人100％加入です。1月～6月で1500名拡大を目標に、毎年1700人の新入職員を加入させるため、すべての組合で新人加入説明会を実施し、全員加入を目指そうと意思統一しています。

組織合宿では、名南会労組のメンバーが新人100％加入のとりくみを実演

5年前まで新人加入がうまくいかなかった名南会労働組合（民医連）。新たに書記長となった中井宏美さんは組織合宿に参加し、新人100％加入を決意します。

当日のシナリオを作成し、禁句を徹底（よかったら加入してください×、加入は後日でもいいよ×など）、全員加入を意思統一し説明会に望み、見事に新人100％加入を達成しました。「社会人になったら労働組合への加入は自然なこと。働きやすい職場をつくるためにはみんなの力が必要であること。助けあいの共済や楽しいイベントもあること」など、若い役員が明るく短く加入を訴えています。

今年（2014年）の新人説明会では1人だけ加入書がないことが判明。翌日朝1番でその新人さんに事情を聴きました。その新人は前の職場に2つの労働組合があり、名南会労組はどんな組合かわからず加入書を提出しなかったとのことでした。組合員の権利を守り要求を実現する労働組合であることを訴えたところ加入してくれました。これで名南会労組は4年連続で新人100％加入を達成。「新人は100％加入なんだ！」――強い思

組織合宿で共済コントを披露する南知多労組

いと行動力が伝わってくるエピソードでした。

5 組織合宿は「4つの愛」

組織合宿は「4つの愛」。この名言は南知多病院労組組合（精神）の堀場一男さんの言葉です。4つの愛とは「知りあい、学びあい、語りあい、助けあい」だと言います。

来年（2015年）、結成10周年を迎える南知多病院労組は組合員45名でスタートしましたが、組合活動に行き詰まり、3年後には31名まで減少してしまいます。組織合宿に参加するなかで職場を越えた仲間と知りあい、組織拡大や要求運動のすすんだ経験を学びあい、夜な夜な語りあいを深めることが醍醐味だと言います。現在組合員は73名となり過去最高組織を更新中です。

組合員が増えると不思議なもので、職場要求も前進し、増員闘争（署名）にも勢いが出てきます。一昨年（2012年）には結成後初めてスト権を確立、全職員一律5000円のベースアップ、パートの時給アップ、介護福祉士の等級アップをかちとり、医師・看護師・介護職員の大幅増員署名は3000筆を集約しました。私はこれを「組合活動の正循環」と呼んでいます。

助けあいの共済にも目覚めた南知多労組は、共済加入者への「掛け金キャッシュバックキャンペーン」、共済給付金を職場で現金で渡す「現金手渡し方式」など、優れた経験を次々と採用、4つ目の「助けあい」をすすめています。

6　組織拡大は「情熱とやる気」1人の加入はみんなの喜び

私の元職は医療ソーシャルワーカーです。患者さんの療養相談に応じる仕事は天職でした。その私をいまの道（組合専従）に決意させた先輩の言葉があります。「いまの仕事で医療や介護制度が改善できるのか？　労働組合には制度を変える力があるんだ」と。

日間賀中学の校訓「やる気」前にて

「組合員を増やして要求を前進させよう」――使い古された言葉ですが、賃金・労働条件を決定する2つの要素は「労使の力関係」、そして「社会的な力関係」にあります。仲間が増えれば職場だけでなく制度政策に影響を与えることができる。愛知県内で医療や介護政策に更なる影響力を持つ大きな労働組合をつくろうと、問題提起しています。

ある組織では、組合の歓迎行事に未加入者も多数来てもらいたいと、職員ロッカーにチラシを貼りまくり、即日管理部に剥がされ物議をかもした経験が報告されました。問題はあっても組合役員の大胆な行動には胸を打たれます。組織拡大は「情熱とやる気」役員の構えで決まるのです。

ある組織では組織合宿の前に「どこの部署で何人拡大した」と必ず報告してくれます。「1人の加入はみんなの喜び」組合の大小関係なく毎月1人からの拡大は可能です。仲間の組織拡大を喜び、味わうことができるのは私たちの一番の財産です。

その三
地域に身近な労働組合を
地域に開かれたイベントで組織拡大めざす

保科博一／全労連・新宿一般労働組合執行委員長

1　14年で550名へと大きく発展

新宿一般労働組合は、２０００年11月24日に、新宿区内で働いている人・住んでいる人を原則対象にして、だれでもひとりでも入れる地域労働組合としてスタートしました（結成時24名）。新宿区労連加盟組合の組織拡大と地域の未組織労働者の組織化を結合させ、未組織労働者の組織化は既存の労働組合の責任であることを明確にして、発足しました。現在５５１名（２０１４年12月第15回定期大会）と大きく発展することができました。組合員は、主に①労働相談から加入する一般組合員、②新宿区労連加盟組合からの二重加盟による協力組合員、③地域民主団体からの地域協力組合員から構成されています。

新宿区労連が新宿一般労組を発足させる際、単なる未組織労働者の「受け皿」とするのではなく、日本の労働組合運動の改革につなげていく方途のひとつとして、協力組合員制度を取り入れました。17％台の組織率である日本において、労働組合のある職場というのは非常に少ないです。また組合員の多くは、学校卒業後、新社会人として正社員として会社に入社し、その会社にたまたま労働組合があったというのが実感ではないでしょうか。ですから、年間３００件近い労働相談の内容を協力組合員のみなさんと共有することで、他産業・他企業の状況や雇用形態の違う労働者の実態、労働組合のない職場の実態を知ってもらうことは重要です。このことを通じて、組合員の利益から一歩すすんで、すべての労働者を視野に入れた労働組合運動へ発展していくことを目指しています。

新宿一般労働組合の組織拡大の推移

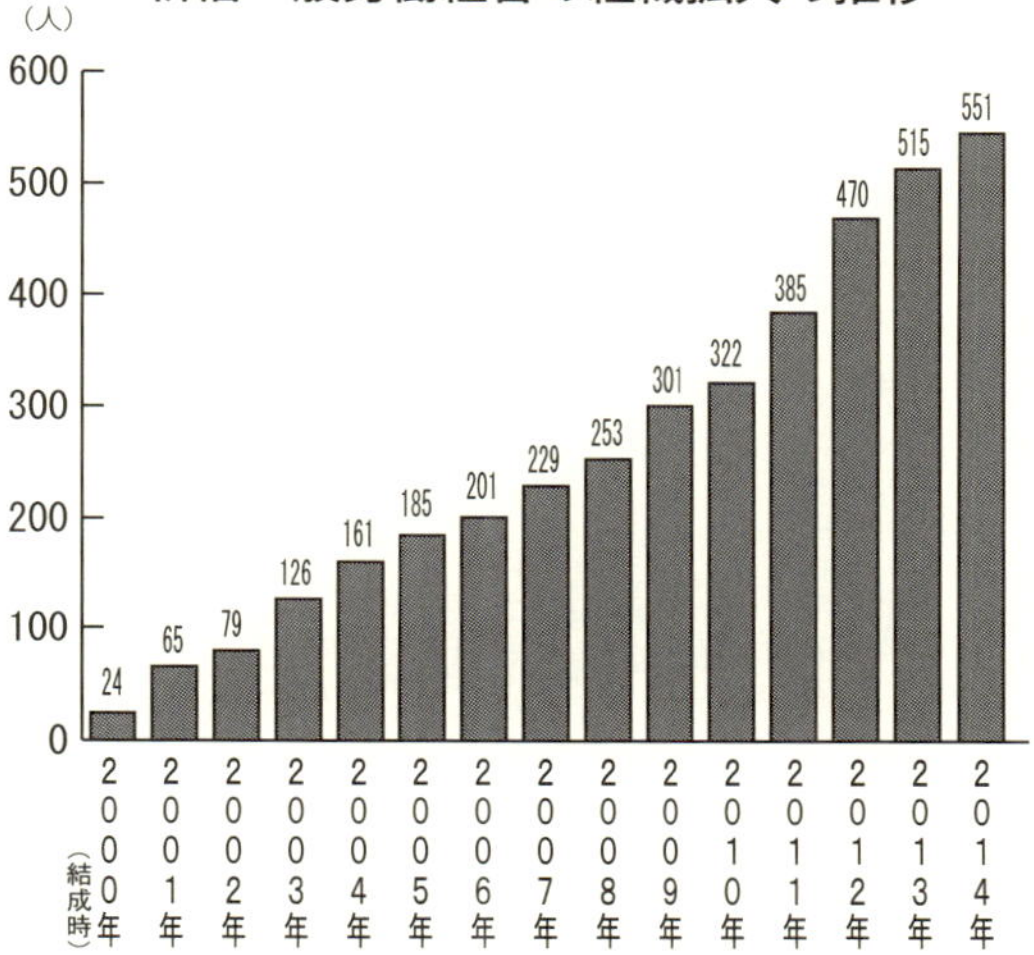

●地域の人たちと協力―労働相談の共有を重視

また最近は、新日本婦人の会や生活と健康を守る会、民商など地域の民主団体の人も多く新宿一般労組へ加入しています。新宿一般労組が、地域に根差して、団体交渉によって労働問題の解決を図っていることに共感が寄せられているからです。ここでも労働相談の共有を重視しています。地域のみなさんも自分の子や孫など若い人の働かされ方に心を痛めている人が大勢います。こうした地域で活動している人と協力しあって、もっともっと地域からの組織拡大を今後新宿一般労組は強めていきたいと決意しています。

チラシにもこだわっています

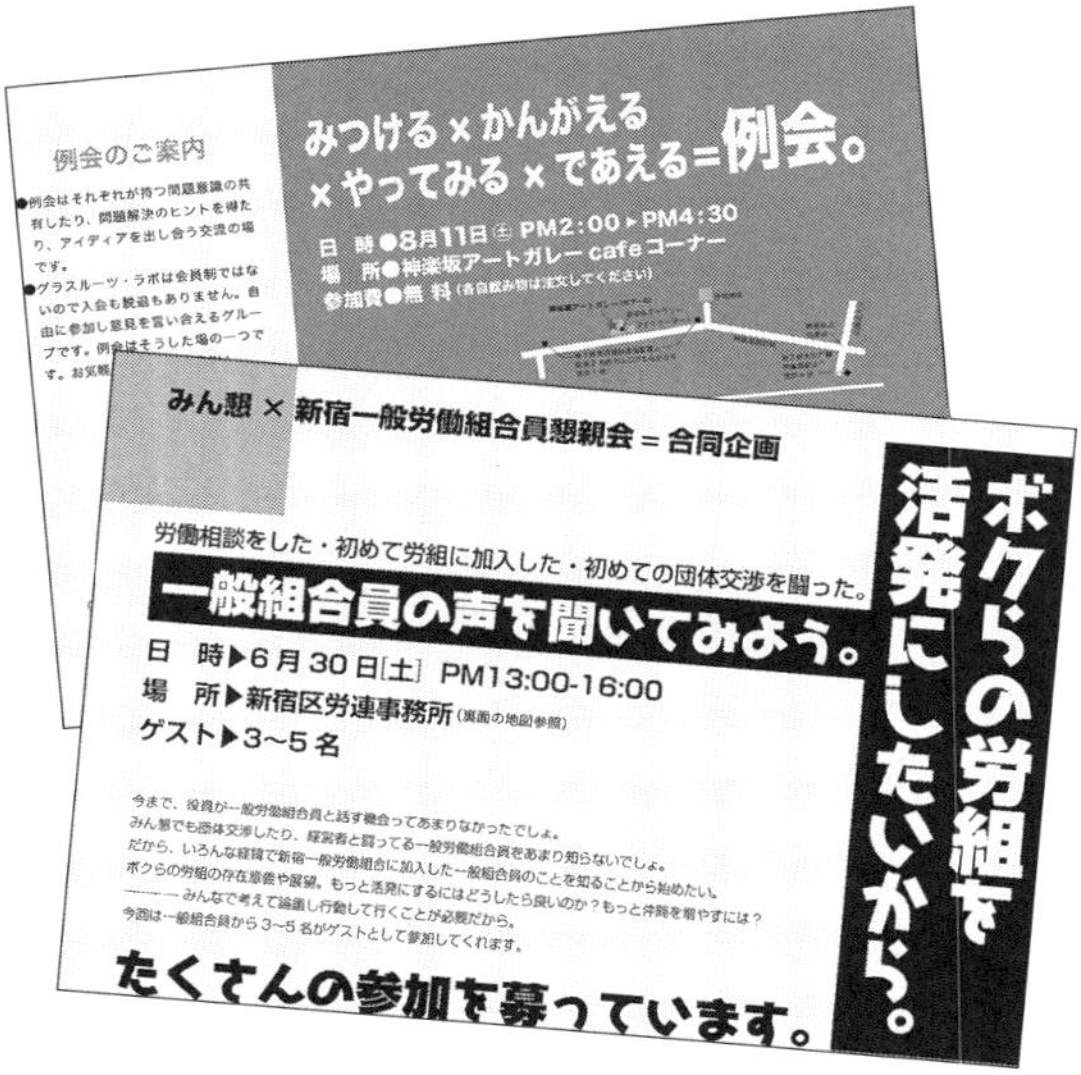

イギリスのウェッブ夫妻は『産業民主制論』で、働く人々の労働条件を人間らしくしていくための労働組合の役割について述べています。1つ目が相互保険（共済など）、2つ目が団体交渉、3つ目が法律制定を働きかけることです。

●最賃引き上げのとりくみを重視

地域の労働組合は、さまざまな業種・諸階層の労働者が結集します。企業規模も組合員の収入も違います。こうした組合員の有機的な連帯をつくり出し、すべての労働者のための法律制度の制定を働きかける運動を展開していくことは、地域の労働組合の主要な役割のひとつです。同一労働同一賃金や全国一律最低賃金制度の確立などですが、各産業の単組と新宿一般労組で構成される新宿区労連は、とりわけ現在毎年最低賃金を引き上げるとりくみを重視して活動しています。

2　〝自分たちでつくる〟を大切に
――グラスルーツラボ

少しずつ各職場の組合員さんと仲良くなってきた専従2年目の頃、印刷や旅行会社などの同世代の協力組合員の人たちからこんなことを言われました。「新宿一般労組の労働相談活動の報告、いつも興味深く読んでいます。身近にこんなブラック企業があるなんてびっくりする。実は大学の友人も同じような働かせ方で悩んでいる」「仕事が忙しく、労働相談や団体交渉の見学など行けないけど、今度みんなで集まれる場つくってくれませんか」。

そんな声を受けて、みん懇（みんなで新しい労働運動を考える懇親会）をおこないました。別に特別何かしようと思って企画したのではありませんでした。

「働くや社会について模索する」グラスルーツラボ

しかし2、3回集まるうちに、「懇親会を重ねてきて、職業は違っても友人・知人含め、働き方に同じような悩みを持っていることがわかった。また組合活動も自分たちで発信してみたいという思いを感じた。保科さん、〝これからの労働運動のヒントになるような企画〟私たちでつくってみません？」というまとめ（？　笑）になりました。

それで発足したのが新宿区労連を中心とした青年サークル・グラスルーツラボです。さまざまな立場で「働くや社会について模索する」個人やグループ・組織がアイデアやヒントを出しあい学べる場の提供や交流を促進することを目的に年に1回程度大きなイベントを定期的におこないながら、集まっています。〝自分たちでつくる〟ということを大切にしているため、チラシや場所にもこだわっています。デートで行きたいおしゃれな街として、ときたまメディアで紹介される神楽坂（新宿区）にあるカフェを借りて、イベントをおこなっています。

「絶望の国の幸福な若者たちってほんとう？
古市憲寿氏（『絶望の国の幸福な若者たち』著者）
×浅尾大輔氏（「ロスジェネ」元編集長・作家）」

“雇用”を共通テーマにしたR'sセッション

（2012年6月16日）、「運動は変化の波を作れるか？　労働運動×市民運動　小田川義和氏（全労連事務局長・当時）×ミサオレッドウルフ氏（首都圏反原発連合）×宇都宮健児氏（前都知事選候補者）」（2013年7月16日）、「女性が労働運動に参加しづらい理由はなんだろう？」（2014年6月14日）とおこなってきました。

つづきとして今年（2015年）は、長年の（？）労働運動の課題である女性の参加が少ない理由を考える企画をおこないたいと思っています。男性中心のグラスルーツラボのメンバーは、現在このイベント挑戦に悪戦苦闘していますが（笑）。

3　“働くを考える”をテーマに　―R'sセッション

もうひとつ私たちが楽しく活動しているイベントがあります。それは新日本婦人の会新宿支部とのR'sセッションです。R'sセッションとは、“働くを考える”をテーマに新宿区大久保の労音会館（ロウオンの“R”から命名）でおこなっています。新婦人新宿支部と新宿区労連は、毎月定期協議をおこなっています。新婦人新宿支部で会員さんの話題に子や孫あるいは近所に住む若者の雇用があがることが増えているとのことです。その新婦人新宿支部の支部長をはじめ多数の役員が、新宿一般労組の地域協力組合員となってくれていま す。

定期協議を重ねる中で、やはり〝雇用〟が共通テーマであり、地域に根差した活動をする両団体として、共催してイベントをやろうとなり、スタートしました。

「ブラック企業とどうたたかう？〝孤立〟からつながる。」（２０１３年12月12日）、「働くおんなのホワイトプラン。」（２０１４年４月28日）などおこなってきました。来年（２０１６年）の春ごろに、24時間保育園園長をゲストに呼び、〝子育てと働き方〟を考えるイベントをおこなう予定です。

４　１０００名を目指して！　―地域に密着して発展めざす

いま厚生労働省には、年間１００万件を超える労働相談が寄せられています。１００万件と聞くと、あまりに数が大きすぎてなかなか実感が湧きません。しかし新宿一般労組で年間３００件近い労働相談を実際に受け、職場の組合員さんや地域の人々と話すと、ブラック企業が予想以上に蔓延し、働き方に苦しんでいる人がこんなに多いのかと、実感します。企業別労働組合中心の日本では、職場に労働組合がない環境で働き、悩んでいる人が多く、同時に労働組合が身近な存在になっていません。経営者が拒否できない団体交渉をおこなって、法律違反を是正できる力が労働組合にあるなんて、ほとんどの人は思ってもいません。

ですから、地域に開かれたイベントをおこなっていき、地域密着型の労働運動をもっと発展させていきたいと思います。来年には６００名！　早期に１０００名を目指して、楽しく組合活動をこれからもがんばっていきます！

三

新たな挑戦、人づくり　編

その一 労働組合は経験してみることでわかってくる

清水俊朗／全国福祉保育労働組合副執行委員長

私の属する全国福祉保育労働組合（略して福祉保育労）は、その名前からわかるように福祉と保育の現場で働く職員の労働組合です。この労働組合も、みなさんの組合と同じように、世代が代わり始め、分会や支部の組合員の若返りがあって、労働組合の活動を継承することが大きな課題になっています。

全国のあちこちで、職場で執行委員になってあまり年数がたっていない組合員が繰り上がるように分会の役員になるケースや、それればかりか都道府県の組織の「書記長」や「委員長」などになってしまう場合もあります。きっとさぞかし困っているのではないか、もしかしたら内心は「押しつけられた」なんて思っているかもしれない…。でも、いや、割とそれほどでもなく努めているのだろうか、実際はどうなんだろうか、そんなことを思いながら、原稿を書き始めました。

とにかく、実際の様子を聞いてみよう、とT支部で書記長になって2年目のKさんにインタビューしてみました。

20代の支部書記長にインタビュー

Kさんは、27歳、介護施設で働く介護福祉士です。とかく介護の仕事は、給料が低く夜勤もあって忙しいはず。それでも「書記長」を引き受けた彼は、どのような気持ちで組合運動にとりくんできたのでしょうか。T支部は、前委員長の退任に伴い、それまでの書記長が委員長になることになりました。かねてから「世代継承をしていかないと」と考えてきた支部は、「いまが世代交代のチャンス」だと思い、支部執行委員で経験は浅いものの、分会で青年組合員のリーダー的立場で、全国の高齢種別協議会の幹事も経験していることから、Kさんに白羽の矢が立つことになりました。

そのときのことを現委員長であるJさんに聞いてみると、「引き受けてもらえるのかは不安でしたがKさんに打診したところ快く（？）返事をもらいました。とはいっても数年の組合経験しかないKさんが任務を覚えるまでは丸投げはしないで、最初は一緒に仕事をおこなうことを心がけていました」と話されています。

●不安もあったけれど、「楽しそう」でもあった

聞き手：役員になった経緯は？

Kさん：支部が世代交代の時期にあり、急に先輩組合長から「書記長やって」と言われたためです。

聞き手：そのときはどのように思いましたか？　不安や期待などありましたか？

Kさん：そんな大役が務まるだろうか、やり方もわからないし、と思いました。いままで多くの経験ある先輩たちが務めてきた書記長という大役に20代の私がなって務まるんだろうか、また、支部をうまく機能させられるだろうか。うまくいかなかったらT支部がダメになってしまうんじゃないか。でも楽しそうか、とも思いました。不安と期待が半々でした。

聞き手：「大役が務まるかどうか不安」これはみんな思うことでしょう。でも「でも楽しそう」ってどういうことですか？

Kさん：組合活動に限らず、物事において「大変、忙しい」と「達成感、ヤリがい」は比例するものと考えています。

聞き手：そのとき他の役員からかけられた言葉はありますか。

Kさん：みんなで支えるし、手伝うから大丈夫だよ、と言われました。

●仲間と悩みや苦労を共有、全国に視野が広がる

聞き手：では、書記長って実際にやってみてどうでしたか？　イメージしていたことと違ったことや、裏切られたってことは。

Kさん：最初に先輩から「書記長の仕事」として仕事と役割の一覧をもらいました。それを基に活動が始まり、執行委員会のレジュメ作成が第一の仕事でした。

聞き手：でも苦労はあったでしょう？

Kさん：春闘期など、中央本部の方針に基づいてT支部の方針を立てるときは徹夜の作業になりました。またやっとの思いで立てた方針案を支部のみんなに説明したり共有してもらうことは、とっても難しく緊張しました。

聞き手：周りの先輩はどんな風に手伝ってくれていますか。

Kさん：会議や委員会の日程調整や場所を予約していただいたりしています。最近では、昨年（2013年）11月に全国の高齢種別の集会があったのですが、準備期間が1年もなくて試行錯誤しながらの準備でしたが、支部みんなで仕事を割り振って、会場の予約や中央本部とのやりとり、未組織職場の訪問をして、集会を無事開催することができました。

聞き手：楽しそうかもって言っていましたが、楽しいですか？　具体的にどのようなことが？

Kさん：まだ完ぺきに書記長の仕事はこなせてませんが、普段の基本的な活動（団体交渉や分会への支援）をすることで、たくさんの仲間に会

い、悩みや喜びを共有できることがうれしく楽しく思います。

また書記長となり、中央本部でのとりくみに参加することが多くなりました。そういった場で全国の仲間と出会い、刺激を受けることで支部の活動に反映できると思いますし、活動の幅も広がり、２０１３年は被災地を訪問して支援活動をすることができました。

聞き手：やはり苦労は多いようですね。それでも組合員との関係を大事にして、集会や活動をすすめているところはいいですね。

●青年たちが楽しめるように

聞き手：Ｋさんよりもっと若い組合員もいますが、思うことは？

Ｋさん：無理そうだったり、大変なことでもとりあえずやってみることが大切だと思います。

聞き手：やってみると楽しみや発見もあるってことですか？

Ｋさん：そう考えています。私自身も気がすすまなかったり、億劫に感じることもありますが、いざやってみると意外に楽しくできたりしています。私は青年部の役員も

Ｔ支部執行委員長Ｊさんに聞きました

次期役員選出の際、前委員長の退任に伴い、書記長である私が委員長になることになりました。そのため、書記長の選出にあたり「いまが世代交代のチャンス」だと思い支部執行委員の中からＫさんに書記長をなってもらおうと、支部の三役で話しあいました。選んだ理由は、①Ｋさんが所属するＨ分会で青年組合員のリーダー的立場であること、②全国の高齢種別協議会の幹事を引き受けて積極的に活動していること、③支部の青年部の活動に積極的にとりくんでいることでした。

しかし、組合に入って数年の経験しかないＫさんに書記長を引き受けてもらえるのかは不安でした。Ｋさんに書記長を打診したところ快く（？）返事をもらいました。そのとき、Ｋさんが書記長の任務を覚えるまでは丸投げはしないで、最初は一緒に仕事をおこなうことを心がけ、覚えてもらうことにしました。それを続けるうちに、春闘方針をＫさんが一人で作成し、支部委員会で提案ができるようになりました。さらに2013年11月には全国の高齢種別交流集会の現地実行委員会事務局長を経験しました。この集会も支部組合員が役割を分かちあいながら成功させてきました。２年目の春闘を迎え書記長として徐々に成長しているＫさんをこれからも見守りたいと思います。

務めていて、青年たちが楽しく学べる活動をすすめています。楽しい活動で、組合を知ってもらい、それから支部執行委員会や分会での活動に参加してもらえる。そんな若者が活動しやすい組織をつくっていきたいと思います。

●やりがいも変わってきた

聞き手：自分自身について振り返ってみて思うことは？

Kさん：中央行動や自治体要請、各分会の交渉に参加することで、「どう要求したらうまく伝わりかちとれるか」「みんなの要求をどうまとめるか」「個人のことでなく仲間のことを考えること」を学びました。組合活動だけでなく人としても成長できたんではないだろうかと思います（自分で評価することではないかもしれませんが）。

仕事、家族、組合活動の両立は正直とても大変ですが、この大変さが将来のためであったり、一緒にたたかう仲間のためになる、と信じてやっています。

聞き手：そう思うようになったことには、何かきっかけがありましたか？

Kさん：支部の書記長として全国の行動や県労連の活動に参加するようになったんですが、最初は「バカにされるんじゃないだろうか」と思い込んでいて、不安やプレッシャーを常に感じていました。でもそこで何人かの方から「若い世代が台頭してきてうれしいよ」などと声をかけていただいたり、できなかったりわからないことをフォローしてもらいました。それからある先輩組合員から「若者が少なくなっていること」「組合組織率が下がっていること」を聞きました。そういうことは、このままだったら労働組合運動は弱くなってしまい、ますます福祉の商品化がすすむということだと思い、「じゃあ私たち若者が活動していかなきゃ」と単純に考えました。

聞き手：そうでしたか。Kさんありがとうございます。

特別な人や組織の特別なものでは決してなかった

インタビューを終えての感想ですが、まずとてもマジメに労働組合活動に向き合っている人だなと思いました。それと、みずからやってみること（体験）を大切にしていて組合活動が継承されて、それればかりか新たなとりくみも生まれています。それでも、話を聞いていて、このT支部やKさんの例が「特別な人や組織のもの」と感じることはありませんでした。

少しまとめて整理してみると、次のようになるのではないかと思います。

●見えてきた5つの教訓

①「何から始めたらよいか」、最初はここから始まる。先輩が具体的に教えること、手伝いながらすすめることがまず必要。

②組合員と喜びや苦労を共有することができることは楽しみである。

③自分が活動に参加して、（要求がかなう）経験をして、組合活動を実感できることも楽しみになる。

④また組合活動を通じて多くの仲間と繋がり、その経験を通じて自分が成長することと組合活動が広がっていくことは「やりがい」になる。

⑤動機は、最初は単純かもしれないけど、とにかくやってみよう。

経験したことが楽しみややりがいには必ずしもならないのではないか、と思うかもしれません。それでも、経験が生きていくことには秘訣があるように思います。先輩の関わり方や組合員との共感・共有関係、活動を通して小さな要求でも実現していることなどに、そのヒントがあるのではないでしょうか。

その二

「感性」を大切に

自由な発想で、やってみたいことをドンドンやっていこう

出口憲次／北海道労働組合総連合（道労連）事務局長

1 「やりたい！」と思うことに挑戦を

ある労働組合の学習会に呼ばれたとき、グループに分かれて交流した中で「職場から1秒でも早く帰りたい」「仕事関係の人には声をかけられたくない」など、組合員から厳しい本音が次々に出されました。役員がさまざまな行動への参加を呼びかけても結集しない、できない背景には「職場のことも解決してくれないのに…」という思いが少なからずあります。業務の過密化・複雑化のしわ寄せが強まっています。でも「何とかしてほしい」と労働組合に期待しています。その声に応えるには、何が必要なのか。目線をあわせること、働き方や暮らしぶりの実態を出しあうことが何より必要だと考え、職場討議をすすめるための素材として「8MANのつぶやき」（次頁）をつくりました。赤裸々に話したら、相手にどう思われる

か気になる。何でも話し合える仲間や職場って、実はめちゃくちゃ素敵なのに。好きな人に告白したり。電車で席を譲ったり。マナー違反を注意したり。いいことだけど、ちょっとテレたり、ためらったりしますよね。本当は言いたいんだけど、空気読んじゃったりしますよね。話してみたら、実は相手も同じことを思ってたりするんですけど…。

職場討議をすすめるための素材
「8MANのつぶやき」

そんな空気を変えて、元気が出るとりくみをしようと模索中です。いままでこうやってきたからとか、こうあるべきだという固定観念から離れて、「やりたいと思うこと！」に挑戦しています。決してワガママではありません（笑）。

2　運動のスタイルは自由な発想で

（1）「エグザイルを超えろ！」から始まった変革

労働組合にとって、メーデーは大切なとりくみの一つです。メーデーへの参加者が年々減少し、たたかいの中でかちとった「メーデー休暇」を返上してしまうケースも出ています。集会内容もマンネリ化していたことは否めません。

そんな中、今年（２０１４年）のメーデーをどうするのか。その議論の冒頭、黒澤幸一道労連議長から突然、「メーデーの舞台を中央にして、そのまわりを囲もう」とのコマンドが出されました。もちろん準備する人のことなど全く考えていないお気楽な発言です。私をはじめ、多くの人は「プロレスのリングと花道」をイメージしました。しかし、黒澤議長は「エグザイルを見習おう。

2014年のメーデーの中でおこなったTPP反対の「餅まき」

参加者みんなが正面で主役だ」と強弁。集会の中でTPP反対の「餅まき」などもおこない、デモの先頭にはサウンドカーを仕立ててバンドメンバーを乗せたり、これまでとは違う企画をたくさん入れました。

メーデー実行委員会は、準備段階から例年以上に盛り上がり、「エグザイルみたいな人が、いったいどこにいるんだ」「メーデーの歴史と伝統を受け継ぐべきではないか」「予算はどうするんだ」など賛成、反対、いろんな意見が百出しました。結果的に、集会もデモもおおいに盛り上がり、総括議論では来年以降もこういうスタイルでやろうということで一致しました。

(2) あなたの「感性」を大切に

また、「憲法を守ろう！」のデモは、ヒップホップスタイルにしたり、ドラムデモにしたり、「反対だけ」のコールをやめることにしました。高教組の板垣俊彦副委員長は「デモが最高に楽しい」と毎回ドラムコールも、力強い。そういうエネルギーは、他の参加者にもドンドン伝染します。「最初は違和感あったけど、何回かやってみたら、こっちの方がいいな」という往年の活動家からの声は象徴的でした。正直に言うと、リズムは全然合っていませんでしたが…。

何より驚いたのは、中学生が飛び入りで参加してきて、「僕にもやらせて」とマイクを握りコールしてくれました。これまでのデモには、なかった変化です。

新しいことを提案したり実行したりするのは、より多くの時間やエネルギーを必要とします。でも、要求は同じで、アピールしている本質が変わらないのであれば、運動のスタイルは時代ごとに変化して当然です。運動の多様性を認められなければ、一致する要求での共同など発展しませんよね。惰性や慣習だけでくり返すよりも、失敗してもいいのでいろんなことに挑戦することが大切です。「すべての責任は議長がとるから大丈夫！まかせて」と、みんなの背中を押すようにしています（笑）。

面白そうだな。楽しそうだな。やってみたいな。そう思ったことは、ドンドンやりましょう。その「感性」を大切にして労働組合活動をすすめれば、いままでとは違った変化・反応が必ず出てきますよ。

中学生も飛び入り参加した「憲法を守ろう！」のデモ

3　「労組は何をしているのか」現場はしっかり見ている

(1) 小さな労組でも、職場の信頼は絶大

札幌でも大きめの医療・介護施設「恵和会　宮の森病院」の労働者で組織する医労連・恵和会労働組合は、約５００名の職員うち組合員27名とい

恵和会セクハラ・パワハラ事件裁判報告集会

う少数組織です。

いじめやセクハラなどを受けている労働者の権利救済（係争中）をたたかうなど、労働者のためにたたかう姿への共感から、「労働組合は頼りになる」と浸透し、さまざまな変化をつくり出してきています。

しかし、この病院の攻撃はとても陰湿で執拗なため、組合に入りたいけど、入るといじめられるという人も少なくありません。

そんな中、昨年（２０１３年）12月に36協定の労働者代表を決める選挙がおこなわれました。

組合は委員長を代表にするために、チラシやポスターをつくって職場の中で「選挙運動」を展開。あらゆる部署にドンドン入り込んで「絶対わたしにいれてよね♡」と声をかけて歩きまわりました。

これに対し病院側は、自分たちの意向どおりに動く対立候補を準備。職員への「締めつけ」を強めました。熾烈な選挙の結果、委員長２６４票、対立候補１５６票、無効14票、棄権66票と圧倒的大差で見事、職場代表に選出されました。

労働組合はどんな活動をしているのか、労働組合は自分たちのために何をしてくれるのか、現場の人たちはしっかり見ているということを、あらためて教えられました。

(2) 遠慮しているのは自分たち。相手は待っている!

いままで施設は、組合員をなるべく同じ職場に固めておくようにしていましたが、今年（２０１４年）に入ってから組合員をバラバラにする異動をおこないました。しかし、委員長たちは落ち込むどころか「これでまた組合員を増やせる」と喜び、すでに実際に仲間を増やしています。

権利侵害や差別は絶対に許さない。どんな状況でも仲間を信じて力をあわせる。そのことが利用者のためになる。このことを徹底する姿は、いま労働組合に最も必要なことだと思います。

職場を変えたい！　地域を変えたい！　世の中を変えたい！　そういう熱い思いを持って、悩みながらも必死に活動している姿は、かならずまわりの人たちが見ています。反応が良くないように思えても、現場の人たちはしっかりと見ています。攻撃が激しい職場、少数派組合で困難を抱えている職場でも、仲間を信じて粘り強く活動してほしい！　ということを伝えたくて恵和会労組の事例を紹介しました。

4　労働運動は筋トレに似ている

全労連に結集して奮闘している仲間たちはスゴイ！　と思うことがたくさんあります。全労連から提起されることを全部とりくもうとしたら、100以上の課題にとりくまなければなりません。毎日1つずつとりくんでも一巡するまでに3か月以上かかっちゃうわけですから（笑）。それを本気で、全力でとりくむなんて、スーパーマンみたいな人ばかりですよね！（笑）。

いてもたってもいられない。そんな思いから か、無意識に周りの人たちにも同じような水準のことを求めてしまうことってありますよね。労働組合運動は、筋トレに似ていると思います。筋肉を太く、大きくするためには、きちんとトレーニングをすること以上に、しっかりと栄養を取ることと、休息を取ることが重要です。労働組合を強く、大きくするためには、ずっ～と活動ばかりでなく、しっかり休んで、息抜きもしましょう。たたかいは続きます。「数日くらい休んでも地球は回る！」くらいの気持ちでいきましょう。

（※と言いつつ道労連も連日、山のように行動提起をしていることを猛省！）

その三 あなたを一人にしない
全国に広がる「子育てママパパの会」のとりくみ

中田郁乃／前 全日本教職員組合（全教）青年部事務局長

1 〝がんばる人〟ってどんな人？

「僕は子育て世代で1歳2か月の子どもがいます。最近の僕のテーマは『がんばらないことをがんばる』です。管理職は公然と『〝がんばる人〟がこの学校にはほしい』と言う。管理職の〝がんばる人〟は独身で夜遅くまで仕事ができる人。必然的にしわ寄せは〝がんばる青年〟にやってきます。その〝がんばる青年〟の隣で、僕は『お迎えがあるから、すみません…』と言いながら学校を出る。子育て世代はなぜ『すみません』と言いながら働かなければいけないのでしょうか。〝がんばる青年〟にも、誰にでも、いつかはがんばれない時期が来る。そこで立ち止まって一緒に『どうしようか』と考えられるのが全教のいいところだと感じています」

これは、2014年10月に開催された全教青年部委員会での、滋賀の代議員の発言です。どの職種でも同じだと思いますが、青年の置かれている状況や働き方は苛酷《かこく》です。全教が実施した「勤務実態調査2012」では、教職員の1か月の平均時間外勤務時間は69時間32分です。その中でも35歳以下の青年層の時間外勤務時間は突出しています。忙しさに追われ、集まること自体が困難な状況下でも、青年とベテランが一緒に立ち止まり「どうしようか」と考える全教のとりくみが、各地でおこなわれています。そのひとつが「子育てママパパの会」です。以下にそのとりくみを紹介します。

2012年1月京都市教組（京都）が始めた「子育てママの会」

2　子どももママも学校の宝！～子育てママパパの会のはじまり～

はじめて「子育てママパパの会」が開催されたのは、2012年1月。京都市教組（京都）の「子育てママの会」がはじまりです。

当時、京都市では5年間で1600人の教職員が採用され、職場の3割は青年という状況でした。産・育休に入る青年教職員も増え、育休中の青年組合員が、「復帰まであと少し。いろいろなことが心配」「保育園を選ぶのに、どうしたらいいの？」という不安や悩みを持っていることが手紙を送るとりくみから分かりました。そこで、京都市教組では、「同じ立場の教職員が集まり、悩みを出しあいながらつながっていけるように組合として支えていきたい。子どももママも学校の宝」と、「子育てママの会」を立ち上げました。

都教組の「子育てママパパの会」

「子育てママの会」は毎月1回開催されます。内容は多彩で、「放射能から子どもを守る」「私たちの権利・子育てに関わって」「赤ちゃん体操」「保育園・幼稚園について知ろう」など、参加者の要求に基づいてテーマが設定されます。子どもを連れてやってきた参加者を支えるのは、この会の応援に来た組合員や退職組合員です。青年にとって、悩みを聞いてもらい、アドバイスをもらうだけでなく、組合でかちとった権利や制度を直接ベテランに聞くことができる、貴重な機会となっています。

●思いをつなげるメーリングリストと仲間の存在

「子育てママの会」ではメーリングリストを活用しています。「子育てママの会」では子育て世代への臨時給付金申請時期、要チェックだよ〜」なんて情報が飛んだり、時には「洗濯は朝する派？　夜する派？」なんていう日常のちょっとした悩みが話題になることもあります。この気軽なメーリングリストと仲間の存在が、参加者の思いをつなげる重要なツールとなっています。

3　やりたいことをやる！　が長続きの秘訣　〜全国への広がり〜

この京都のとりくみが、全教女性部総会や、生活権利討論集会、「職場活動の活性化、組織の拡大・強化をめざす全国交流集会」、青年部総会などで紹介されたところ、自分の組織でもぜひひとり

都教組「子育てママパパの会」がとりくんだ「産後体操をしよう」

くみたい、といった声が次々に寄せられました。

都教組（東京都教職員組合）では、育休中の青年組合員Aさんがこの話を聞き、内容を知りたいと、みずから京都の「子育てママの会」に参加。メーリングリストにも登録し、東京に帰ってきてからも、京都の仲間とつながり続けました。「情報を得たことで、育休中の不安が原動力に変化した」というAさんは、もう一人の育休中の青年組合員Bさんと、「子育てママパパの会」を立ち上げました。これには、２人が都教組の青年部活動に携わってきた経験が役に立ちました。都教組青年部学習会や交流会「たのしば♪」（たべてのんでしゃべくる場）での、「やりたいことを実現する」経験とその良さが分かる仲間がいたからこそ、できた企画でした。

●ママもパパも一緒に子育てを楽しみたい

「子育てママパパの会」では、「教えて保育士さん！」「復帰ママとのおしゃべり会」「産後体操をしよう」などのプログラムが、いままでにおこなわれました。都教組では、ママだけでなくパパの参加が多く、「ママもパパも一緒に子育てを楽しみたい！」という思いが、ネーミングにもあらわれています。

京都、東京をはじめとしたとりくみは、他組織でも広がりを見せています。北海道の「Ｈｕｇ ｃａｆｅ，」（ハグ・カフェ）（84~85頁で紹介）、兵庫の「カンガルームの会」、岐阜の「ママリフレッシュの会」は昨年（２０１３年）度から今年（２０１４年）度にかけてできた「ママパパの会」

青年部の学習会では必ず保育をつけている

です。

　2013年に発足した、兵庫（兵庫教職員組合）の「カンガルームの会」は育休中や育休明けの青年組合員が中心となり、2か月に1度開催しています。開催場所にはこだわり、子どもたちが退屈しないよう、近くに公園があり、部屋に危険がないような場所を選びます。この会のサポーターは、女性部のベテラン組合員です。安心して子どもを任せられるし、悩みも聞いてくれる。それだけで気持ちが落ち着く、とベテラン女性組合員の存在が子育て世代を支えています。お互いレポートを持ち寄り、学びあいをすすめていますが、「今度は何する？」と「軽い感じで」すすめることがにぎやかな雰囲気をつくり出しています。

　紹介した組織以外にも、「子育てママパパの会」は、和歌山、広島、埼玉、大阪でも開催されており、更にとりくみが広がる可能性があります。理由は、大きく2つあります。1つ目は、子育て世代の思いや願いからとりくみが出発しているということです。2つ目は、形態にとらわれないとりくみだということです。「権利、働き方を学びたい」「仕事の悩みを聞いてほしい」「子育てについてみんなで考えたい」という思いや願い、「いつ来て、いつ帰ってもいい」「できることだけやる、無理をしない」という柔軟な場の雰囲気が、とりくみを広げています。

4　とりくみで生まれた青年の変化、そして組織拡大・強化へ

全国青年教職員学習交流集会「ＴＡＮＥ！」

●声をあげ、仲間とともに社会を変えていく

「子育てママパパの会」のとりくみは、青年に変化をもたらしています。「私たちはがんばらされるだけでいいのか？」「長く働くのが良い先生なのか？」「ベテランや青年の間に壁をつくってしまう働き方はどうなのか？」と、自分自身の生き方を見つめ直しています。青年部が企画する学習会「ＴＡＮＥ！」も組合や権利、働き方などを学び考える場所です。保育の利用も年々増えています。青年は学ぶことで「がんばればできる。できないのは私ががんばっていないから」という自己責任論ではなく、「もうできない！　何とかして！」と声をあげ、「何か必ず変えられるものがある」と、仲間とともに社会を変えることの大切さを体感しています。

北海道では、いままで忙しく、つながりがなかった青年組合員が、育休中「ハグ・カフェ」に参加し、他の組合員とつながりました。東京でも、「子育てママパパの会」に参加した青年がとりくみに共感し、当日組合に加入しています。孤独になりがちな産・育休中の青年とつながりを強めることが、「あなたをひとりにしない」組合活動に結びついています。

子どもがいてもいなくても、結婚していてもしていなくても、人生を楽しみたい。そのために、組合に入って仲間と社会を変えていこう。そんな気持ちにさせる「子育てママパパの会」のとりくみ、ぜひ、おすすめします。

うか…、そんな不安を先輩ママのアドバイスで笑って吹き飛ばしちゃえる場所。そんな場所になればと思います。育児奮闘中のみなさん、肩の力を抜きに遊びに来ませんか？」

集まり、語り合って、不安を安心に、悩みを希望に転化できる「場」をつくっている

１回目は、①先輩ママによるトーク～復帰後のハードな生活をどう乗り切るか。育児マル秘テク～、②中山じいじによる「知って得する育児のための権利」、③ランチを食べながら育児、美容、趣味、世間話…何でもトーク、という内容でおこなわれました。

その後、11月までに５回開催されました。書記さんを講師にお菓子づくりをしたり、職場復帰したママ先生が参加できるよう「Hug Cafe' Night（ハグ・カフェ・ナイト）」と称して、その日の参加者はパパに子どもを預けて「ぶっちゃけトーク」で盛り上がったり…、など、やりたいことをやりたいときにやってきたそうです。

●「"育（Hug)" フェスタ2014」への広がり

さらに、７月下旬の土日には、教育研究団体と共催し、よびかける規模と範囲を広げた「"育（Hug)" フェスタ2014」が廃校を会場におこなわれ、遠くは札幌からなど、70名の参加がありました。「Hug Cafe'」の他、大人になった教え子たちをパネラーに、滋賀県立大・福井雅英さんがコーディネートした「青年達のしゃべり場」、武庫川女子大・田中孝彦さんと地元青年教師の語りから「人・地域が育つ」を考えるコーナーや、檜山でとれた新鮮食材を食す「地元めし」、地元青年バンドと東京から招いたプロミュージシャンのライブなど、地域・子育て・教育を考えた楽しい２日間でした。

●「ゆる～く」やっていきます！

過疎化がすすむ地域では、子育て世代が孤立し不安を抱えながら子育てに奮闘しています。同じような人が「集まり・語り合う」ことで不安を安心に、悩みを希望に転化させる「場」や「とりくみ」が求められます。そのようなところに、この「Hug Cafe'」が誕生しました。「計画的に実施すると続かなさそうなので、『ゆる～く』やっていきます！」（メンバーの声）

北海道 檜山教組「Ｈｕｇ　Ｃａｆｅ’」のとりくみ

道教組・椙木康展《すぎきやすのぶ》

全北海道教職員組合（道教組）でも、子育てママ・パパが集うとりくみが始まりました。檜山教職員組合の「Hug Cafe’（ハグ・カフェ）」です。檜山教組がある檜山管内は、北海道の南西部、渡島半島の日本海側に位置し、奥尻町を含む全７町で構成されています。道内14管内の中では最も面積が小さく、人口は約４万人。小学校26校、中学校13校、高校４校、特別支援学校が１校あります。今年（14年）度も年度末をもって閉校する小学校が４校あり、過疎化による学校統廃合が進行中です。

気軽に集まれる場所「Hug Cafe’」

檜山教組書記長の言葉を引用すると、「檜山では『ふるさと学習』と称して、地域に根ざす教育を続けてきた歴史があります。その中で、地域の人から地域を学ぶ。現実をありのまま見つめ、『問い』を生みだし、自分の言葉で表現し共有する。本質を探究する中で明日を見つめるという学びを大切にしています。」（『クレスコ』2013年２月号）という、地域を土台に学びを創造する伝統があります。

●「Hug Cafe’」は、気軽に集まる場所

2014年２月16日、ちょうど都心では記録的大雪が降った日です。江差追分で有名な江差町にある檜山教育会館（組合事務所）で、１回目の「Hug Cafe’」が開催されました。乳幼児もいるため、会場の床にはウレタンマットも敷かれました。

この「Hug Cafe’」のチラシには次のようなよびかけ文がありました。

「『Hug Cafe’』～檜山のパパ・ママをつなぐ広場～☆子どものこと、育児のこと…とにかくしゃべることで同じ境遇の仲間と共感し、つながりあえる場所。☆おいしいものを食べながら話すことで、帰る頃には育児の不安を楽しみに変え、心も体も元気になる場所。☆ワーキングママとしてやっていけるだろ

その四
無理なく、楽しく、ためになる日常活動
地域労組としての公共一般地域分会

佐藤完治／自治労連山形県事務所組織拡大専任者

1　1人で加入したAさん

介護労働者Aさんは、T分会長の紹介を受けた私の勧誘で自治労連・山形公務公共一般労働組合（以下「公共一般」）に加入。既に2010年からの準備を経て3人の退職者や活動家により2011年夏に発足していた北村山分会の一員となりました。「1人で入れる労働組合があるとは聞いてましたが、私も入れるんですね」と、その場で加入申込書を書いてくれたAさん。もちろんうれしかったが、私は「この人の期待に応えられる活動をつくれるだろうか」と不安もいっぱいでした。

そのAさん、2014年8月の公共一般全体の総会での発言です。

「組合とは何か学校でも学んでいない。話している内容もまだよくわからず、『たたかい』と言われると怖い気もする。でも昨（2013）年全

Ａさんも発言した公共一般の2014年度総会

国の介護の仲間が集まる集会に参加でき、すごく嬉しかった。いろんなところの介護労働者が『考えているんだな』と実感。そういう人をたくさんつくっていきたい」。

公共一般地域分会として継続した日常活動に成功している北村山分会で、Ａさんも常にその活動の場にいました。彼女の活動をたどればこの連載の目的に接近できるかもしれません。

2　組合員のレポートは刺激的　～無理なく、楽しく、ためになる～

北村山分会が毎月1回の例会に最初に位置づけたのは、分会メンバーのチューター持ち回りによる全労連の推薦図書『新たな福祉国家を展望する』の輪読でした。

無理のない分量となるよう章・節ごとに担当分けし、レポート内容の精度を問いすぎず、担当部分の全面的網羅も求めずに印象的だったところを書いてもらいます。毎回担当者のレポートの後、私ができるだけ短い時間で必要最低限の補足をしました。この本で地域社会の目指すべき姿や課題を具体的に思い描き、自治体キャラバンでの要請につながるよう努めました。

中断を経ながら輪読は２０１４年夏に完了。輪読本はスウェーデンに関するものにスピンオフし、いまも継続されています。うれしかったのは

6回連続で始めた「労働相談オルグ連続講座」

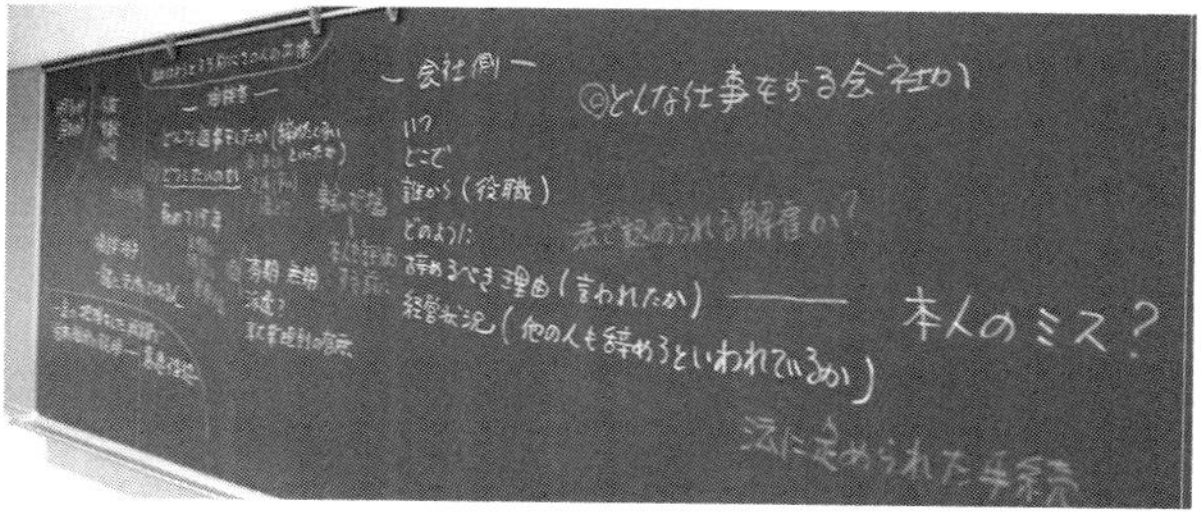

参加者の発言で黒板はいっぱいに

Aさんが毎回新たな発見に対する驚きを口にしてくれたことでした。

●「お客さん」でなく「当事者」になるために

組合員が「お客さん」でなく「当事者」になるため、「偉い人」の話を組合員が聴くスタイルは必要最小限にしました。また本を一言一句血肉にするのにもこだわり過ぎず、組合員が自分の考察を深めるきっかけにしたいです。お互いの信頼と民主的討論、これを保障する組合の行動綱領や規約に依拠すれば、「危険な我流」などそう心配せず、労働組合は自由で、多様で、楽しいものにできるはずだと信じています。

●相談の当事者にもヒアリングしてレポート作成

オルグで仲間を増やしたいが、相手の話にその場で全然答えられないのは無責任とのT分会長の問題意識を受け、同じ地域の他の労組とともに実行委員会をつくり、2013年、6回連続の「労働相談オルグ連続講座」をおこないました。うち1回は組合員がインターネットや文献を参考に争議、労働相談事案を自分で調査・レポートして講座の討論に供するスタイルを試行。好評を得て2014年初夏、同じ実行委員会で4回連続の「労働相談連続講座」を実施。こんどは全編を組合員による争議・相談事案の調査・レポートとし、毎回1事案合計4事案を扱いました。対象を全て県内事案とし、労働相談センターが残した資料でアウトラインをつかみ、「予備レポート」でみんなの質問や意見をもらいます。次回の「メインレポート」に備えて各事案の支援担当者や当事者へのヒアリングもしてレポートを仕上げました。

争議・相談事案を丸ごとひとつ扱うことは「総合学習」となります。基本的な労働法制にとどまらず、使用者が実際どんな態度で話をはぐらかすかなど一筋縄でいかない部分に触れられます。全容を正確にレポートできないのは当然です。不足を補うために担当役員や当事者が同席しました。

「労働相談オルグ連続講座」でおこなった模擬団体交渉

Aさんが担当した事案は北村山分会のメンバーが実際に参加した福祉施設の休暇取得制限などに関するもので、まさに実践と結びついています。職場で多数派になってこそ実現できる要求。多数派の展望は道半ばでしたが、大もとにある福祉制度の限界から来る職場の矛盾はAさんの専門的なレポートで浮き堀りになりました。配転と職場環境に関する別の事案では、Aさんはその当事者Nさんをずっと気にかけてくれています。労働委員会まですすんだものですが、Nさんの状況は例会のたびに私から報告しています。Aさんとの交流はいまでもNさんの支《ささ》えの一つになっています。

「この会はみんな優しいから好き」「つぶやきが形になるのがすごい」と、誰よりも分会活動を楽しみ、メンバーや外部にその魅力を語るT分会長。偉ぶらない、いろんなことを面白がる、そして組合活動のために自分の趣味や生活を犠牲にしない姿勢は、「無理なく、楽しく、ためになる」という北村山分会の原動力となっています。

3　要求実現にこだわる

●自分の地域でもやりたいと参加者も触発

労働組合である以上、地域分会も「要求実現のための運動体」でありたいです。組合員の使用者との団体交渉や、労働相談を待つだけでなく、県労連や自治労連、県社会保障推進協議会（県社保協）の自治体キャラバンに参加して、対使用者交渉以外にも「要求実現の経路」はあると実感できるよう努めました。

Aさんも参加して介護現場の人手不足を発言。さらに片道2時間以上の広域に広がり別々の地域分会に籍を置く介護関係組合員も年2～3回なら集まれると、「介護関係組合員の要求を考える会」で要求を練り上げ、翌年の自治体キャラバンの要請事項にしました。

その1年後、ある自治体がヒアリングを開始し、「冬場の送迎補助」の要求が実現に向かい前進。自分の地域でもこんな「ピンポイントな要請」ができたらいいなと、Aさんも大いに触発されています。

4　地域分会、地域労組の将来～自律的再生産の模索～

日常活動継続の困難などから山形県内で過去幾多の地域労組、地域分会が活動停止に陥りました。とはいえ職場の組織化は簡単でなく、同一職種による職場横断型ユニオンは組合員が広域に広がりがちで集まりにくい。だから1人で加入する組合員のために、困難を承知で「地域労組として の公共一般」、集まりやすい狭い地域内で職場も職種も違う組合員が日常活動をともにする公共一般の地域分会にも挑戦するしかありません。

　連続講座で加入した別の介護労働者Yさんなどが加わり分会は6人になりました。Aさんはいま Yさんとともに、仲間づくりのための公開企画の立案担当者となっています。「何をテーマに誘えばよいかと言われても、みんな日常に追われてあんまり考えてないかもしれない」とAさん。「まずは自分たちが楽しめること、やりたいことをやれば？」というのが私の答えです。落語会や施設見学会などこれまでの公開企画も組合外部の人があまり集まらなかったことのほうが多い。長島やイチローでも毎打席ヒットは無理です。気楽に続けることこそが肝要だと思います。

自治体キャラバンでの市の担当者への要請行動

　Aさんのような真面目に社会のことを考える人だからこそ、とも言えます。地域に雇用があり、現在の賃金でどうにか生活できているからかもしれません。しかし、もし北村山分会の日常活動や公共一般の全県の仲間が存在しなければ現在のAさんはいないとも言えます。

　将来万が一専従活動家や退職者ボランティアがいなくなっても、みんなを信じて一緒に探求を続ければ現役労働者だけで「自律的再生産」できる地域分会ができるかもしれません。こうした地域分会、地域労組はやがて必ず、職場や職種ごとの労働組合結成をリードする組合員の苗床《なえどこ》ともなると思います。

　本稿を故・吉田春夫さん（公共一般北村山分会発足以来のメンバー）にささげる。

まとめ

楽しさの真髄

組合員一人ひとりが主人公、そして家族とともに

根本　隆／全労連副議長
江花　新／前全労連非正規センター事務局長

「秘伝　労働組合の楽しみ方」の実践報告、いかがでしたでしょうか。このシリーズで貫いたことは、悩み、失敗をくり返しながらも、仲間を信頼して新たな可能性や楽しさを追求してきた「生きた実践」です。『学習の友』を読んで活動をレベルアップしたいと考えていらっしゃる読者のみなさんは優秀な方ばかりですから、「人に任せるよりも自分でやった方が簡単だしうまくいく」のは事実でしょうし、ややもすれば「それが労働組合役員の任務」と思いがちです。でも個人のがんばりには限界があり、みんなでやった方が長期に大きな力を発揮します。最後に、実践報告からのキーワードを紹介しながら、楽しさの真髄に迫りたいと思います。

組合活動は夢の実現

会社からの厳しい弾圧のもと、社会正義・信念を貫くために、歯を食いしばってたたかっている仲間もいるでしょう。「楽しみ方」なんて甘っちょろいこと言っていたら活動は続けられない、そんなご批判もあるでしょう。でもそんな職場においても、労働者の切実な要求を握り運動している私たちは、必ず多数派労働組合に前進し、要求を実現させていける、その確信を胸に、希望を持って行動にとりくむことが、仲間を増やし、前進をかちとる力となるのではないでしょうか。

岐阜県労連のとりくみを通じて、「組合活動は夢の実現です。苦労もありますが、楽しく活動し、幸せを実感することが私たちの活動の推進力」と言います。自治労連の組織拡大のとりくみでは、各地で工夫し、「楽しみながら」すすめている実例が連載の中でも紹介されました。「仲間を増やし、そして、すべての労働者がいきいきと安心して働き続けられる世の中に変えていこう」。そんな未来をつくる仕事がワクワクしないはずがありませんね。

バーベキューなどもやりながら仲間と交流している映演労連

悩みや不安、愚痴を共有できる場に

映演労連のとりくみでは、「居酒屋」をフル活用することで、会議や集会では拾いきれない愚痴や悩みを共有し、打開のアイデアを出しあうなど、本音で語りあえる場が紹介されました。仲間同士の交流の場が、「相互の悩みや不安を一瞬にして共有できる環境が、企業の枠を越えて醸成されて」いると言っています。

愛知県医労連の組織合宿のとりくみでは、「年に3回、慌ただしい日常から離れ、組織拡大にテーマを絞った組織合宿は、昼間から夜を徹して語りあいます。失敗談、成功体験、涙あり、笑いあり、ドラマあり。歌って、踊って、各組織の仲間が交流しあうことが、組織拡大に踏み出す力になっている」と。組織拡大はどこの組織でも重たいテーマになりがちです。一般的に拡大がすすんでいなければ参加したくない会議ですが、組織合宿は「4つの愛（知りあい、学びあい、語りあい、助けあい）」があふれる場と言います。

育児の不安を楽しみに変え、心も体も元気になる場所をめざす北海道・檜山教組のハグ・カフェ

秋田県労連のとりくみでは、「県労連青年部の会議、片道80キロを終業後にやってきて、1時間の会議に出て、会議後の飲み会にもお茶を飲みながら参加し、深夜にまた80キロを帰っていく」青年が紹介されました。つらいだろうに毎回やってくる。いや、もし大変なだけなら続かないはず。会議そのものがイベントで、そこに参加することや一つのことをめざして議論し、交流し、仲間とつながることが喜びになっているのでしょう。

同じ境遇の仲間と共感し、つながりあえる場所

京都で始まった全教の「子育てママパパの会」のとりくみは、全国に広がりを見せています。「孤独になりがちな産・育休中の青年とつながりを強めることが、『あなたをひとりにしない』組合活動に結びついています」。「☆子どものこと、育児のこと…とにかくしゃべることで同じ境遇の仲間と共感し、つながりあえる場所。☆おいしいものを食べながら話すことで、帰る頃には育児の

不安を楽しみに変え、心も体も元気になる場所。☆ワーキングママとしてやっていけるだろうか…、そんな不安を先輩ママのアドバイスで笑って吹き飛ばしちゃえる場所。そんな場所になればと思います。育児奮闘中のみなさん、肩の力を抜きに遊びに来ませんか?」。これは、北海道の檜山教組のよびかけ文です。「子育てママパパの会」の広がりの理由の1つは、「子育て世代の思いや願いから出発している」こと。2つ目は、「形態にこだわらないとりくみ」、「柔軟な場の雰囲気をつくり出していること」と言います。

闘い学び交流する中で人は変わる。写真は秋田の青年たちの模擬団交

　山形の公共一般の学習活動のとりくみでは、「組合員が『お客さん』でなく『当事者』になるため、『偉い人』の話を組合員が聴くスタイルは必要最小限にしました。……『危険な我流』などそう心配せず、労働組合は自由で、多様で、楽しいものにできるはずだと信じています」「将来万が一専従活動家や退職者ボランティアがいなくなっても、みんなを信じて一緒に探求を続ければ現役労働者だけで『自律的再生産』できる地域分会ができるかもしれません。こうした地域分会、地域労組はやがて必ず、職場や職種ごとの労働組合結成をリードする組合員の苗床ともなる」と展望を語っています。

重い荷を押しつけるのではなく、夢や希望を共有すること

　次代を担ってほしい青年に、重い荷を分かちあおうといえば、誰もが嫌がります。そもそも、自分でも苦労ばかりの大変な活動だと思っていた

ら、他の人は誘えません。必要なことは、自分自身が楽しいと思える活動をすること。そして重い荷を押しつけるのではなく、夢・希望を共有することではないでしょうか。

岐阜県労連のとりくみでは、組合紹介のチラシを渡すことさえ容易でない状況。仕事が忙しく、組合をすればもっと忙しくなる。組合の大切さは分かっていても、加入を勧めることは相手を不幸にしそうで誘えない。こんな苦労を他人に押しつけられない。私たちだけで十分だというような気持ちがあった。でも、組合主催のボウリング大会に参加してうれしそうな未加入者を見て誘えるようになった。誰だって人の役に立つ活動がしたい。誘ってくれてありがとう、こういわれる活動を、と言います。

福祉保育労のとりくみ紹介では、まかされた青年が「組合活動の楽しさ」をこう語ります。「(書記長を任されたときは)不安と期待が半々でした」。でも、「普段の基本的な活動をすることで、たくさんの仲間に会い、悩みや喜びを共有できることがうれしく楽しく思います」。全国行動などでは「『若い世代が台頭してきてうれしいよ』などと声をかけていただいたり、できなかったりわからないことをフォローしてもらいました」と。

一人一活動に押さえるようにしている

憲法と平和、賃金、労働法制など課題はさまざまでもとりくんでいるのはいつも同じメンバー……。これでは新しい課題が提起されても、自分たちが忙しくなるだけ。二の足、三の足を踏んでしまいます。運動にかかわる人を増やす――このことを意識的に追求することが大事です。

秋田県労連のとりくみでも、「『自分でやった方がよっぽどまし』、労働組合の役員は課題山積の中で時間にも気持ちにも余裕がない。だから形だけの会議を開いて、後は一部少数の役員でやってしまう。一定水準以上の成果は収められるが、ノウハウを持っている人がいなくなったらどうするのか。いま、期待する成果に届かなくても、やってもらうことが大切だ」と。

岐阜県労連青年部準備会のとりくみは、「同じ人がたくさんの活動をやるようでは『活動は広げられない』という観点から一人一活動に抑えるようにしていました」。優秀な人こそ、何でも自分で請け負って上手にこなしてしまう。それでは運動は広がらない。たくさんの人に運動にかかわってもらうことが重要なので、自分はあまり直接的なことはしない。たくさんの人が会議に来てくれること、参加してくれた人が自分たちで運営できるように努力する。実は自分でやった方が簡単で、人を動かす方が大変なんだけど、ということです。

組合員一人ひとりが主体者となって、自主的にすすめる

みんなは仕事を持って、がんばっている。その余暇の時間を使って組合活動に参加している。だからみんなが会議に来てくれただけでもうれしい。前回決めたことをやってこない青年にはイライラせず、その場でやろうと提案、みんなでやることで楽しくできる。「失敗しても責任は私がとるよ。だから思い切ってやってね」と言っている。任せるだけではダメ。ていねいに寄り添う。決定的に間違っているなら反対するが基本は青年に考えさせる。だめ、とか頭ごなしに言わない。怒られるのが怖くて指示を待たなければ動けない活動になってしまう。楽しくない。やる気がそがれる。管理せず、失敗は気にせず、思い切った活動をしてもらうための条件をいかにつくるか、それが大事だ、と岐阜県労連のとりくみでは強調しています。

そして、東京の新宿一般のとりくみとして、青年サークル・グラスツールラボが紹介されました。このとりくみは、「懇親会を重ねてきて、職業は違っても友人・知人含め、働き方に同じよう

な悩みを持っていることがわかった。また組合活動も自分たちで発信してみたいという思いを感じた。〝これからの労働運動のヒントになるような企画〟私たちでつくってみません？」から出発します。グラスツールラボは「働くや社会について模索する」ということで交流やイベントを定期的におこなっていますが、その推進力は、まぎれもなく「〝自分たちでつくる〟ということを大切にしている」ことではないでしょうか。

組合のリーダーこそ「楽しさ」の追求を

映演労連のとりくみでは、「主催者みずから楽しむ心の余裕こそが組合の魅力に繋がると思います。会議にしても集会にしても、しかめっ面した役員ばかりが座っていたら参加者はどう感じるでしょうか。苦しく厳しいときこそ、明るく楽しい活動で牽引する姿勢が重要」と述べています。私も振り返れば反省することが多々ありますし、そうしたことに遭遇した人は二度と行きたくなくなりますよね。本音で語りあう場として「居酒屋」をフル活用していること、ふれあいの中でアウトドアの催しなどさまざまな活動が生まれている。『楽しむ』を通じて顔見知り以上の強固な結びつきを得ることは数字で表せない組織力の向上だ」と確信しています。

そして、青年に寄り添うことは役員の喜びでもあります。秋田県労連のとりくみでは、「役員ががんばれるのは、彼らからいろいろ学んだからだ」「運動には多くのドラマが存在している。労働組合の幹部はそれを見逃さないことが大切だ。喜怒哀楽をともに共有すること、これが大事だ」。青年を信頼し青年にとりくみを任せるなかで青年が成長していく。「スト集会で意気揚々とマイクを握る青年の姿を見て、満足そうにしているベテランの横顔。まさしく『楽しんでいる』姿そのものだ」と言います。

感性を大切に労働組合活動をすすめる

北海道労連のとりくみでは、「面白そうだな。楽しそうだな。やってみたいな。そう思ったことは、ドンドンやりましょう。その『感性』を大切にして労働組合活動をすすめれば、いままでとは違った変化・反応が必ず出てきますよ」と、労働組合のリーダーの感性の大切さを語っています。

家族参加の岩手学校生協労組の定期大会

そして、「新しいことを提案したり実行したりするのは、より多くの時間やエネルギーを必要とします。……運動のスタイルは時代ごとに変化して当然です。運動の多様性を認められなければ、一致する要求での共同など発展しませんよね。惰性や慣習だけでくり返すよりも、失敗してもいいのでいろんなことに挑戦することが大切です」と言います。

家族参加の労働組合の大会⁉

最後に、私（根本）が最もびっくりし感動した大会を紹介します。生協労連加盟の岩手学校生協労組の定期大会に出たところ、約60人いる組合員の数よりも多くの人が参加しているし、子どもが走り回っている光景に遭遇しました。岩手学校生協労組は、毎年、家族参加で温泉地1泊の定期大会をおこなっています。

前委員長の菅原一生さんはこう語ります。「25年くらい前、そのころの労組員の平均年齢は約25歳で、子育ての年代に突入し、仕事も大変さも加わって、労組活動が少し停滞し始めた時期でした。執行委員会で、それを打開するために大会を家族参加型にしようと思い切った決断をしました。はじめの家族参加は1家族でしたが、年々参加する家族が増えてきて、大宴会へと発展していきました。広大な岩手県内からの参加なので、家族にとっては年中行事となり、多くの家族交流が生まれています。家族参加があたりまえになると、労組員の思いにも変化しはじめ『労組は家族を守る』と声にして言うようになりました」。この家族参加型のとりくみは、旗開きやボーリング大会、マラソン大会、野球大会などなどに広がっています。

２０１０年に、岩手県学校生協は経営の危機を迎え、理事会が冬季一時金０回答を出してきました。数回の執行部団交は決裂し、いよいよ理事長を引っ張り出し、労組員全員団交を開催しました。12月25日の夜、労組員一人ひとりが家族の思いを経営側にぶつける展開になり涙を流しながらの交渉になりました。結果、０・５か月の有額回答をかちとることができました。後日談ですが、２０１４年に当時の理事長が退任しました。通常総代会の最後の挨拶で「最大の思い出は、２０１０年12月25日の夜おこなわれた、一時金に対する労組全員団交です。真剣に仕事のことや家族のことを話しあい、その結果経営がどんどん良くなりました。本当にありがとう」と話されました。菅原さんは、「なんとも言えない感慨を覚えた」と言い、家族とともにとりくんできたことに確信を持ちました。

「私たちは楽しい労組活動からコミュニケーションやつながりを大切にしています。だから、『ここ一番』に一枚岩になることができているような気がします」。家族と子どもたちが、労働組合で活動する配偶者や親の姿を見ている。次の世代にバトンタッチできる最高の舞台をつくっているのではないでしょうか。

初出一覧（雑誌『学習の友』掲載順）

第一巻

その一　悩みは問題解決の出発点　根本　隆　五十嵐建一（2014年3月号）

【解説】若者を覆っている生きづらい社会　根本　隆（2014年3月号）

その二　「幸せだなぁ〜」と感じる組合活動　平野竜也（2014年4月号）

その三　活動するみんなの笑顔がみたい　平野竜也（2014年5月号）

その四　労働組合は経験してみることでわかってくる　清水俊朗（2014年6月号）

その五　勉強は大事、交流はもっと大事、そして遠慮は禁物　越後屋建一（2014年7月号）

その六　仲間づくりは大事　みんな貴方の声がけを待っている　蛯名孝宏（2014年8月号）

その七　おわりに　免許皆伝！　江花　新（2014年9月号）

第二巻

その一　「感性」を大切に　自由な発想で、やってみたいことをドンドンやっていこう　出口憲次（2014年10月号）

その二　楽しくなければ誰もついてこない　自ら楽しむの余裕こそが組合の魅力　梯　俊明（2014年11月号）

その三　1人の加入はみんなの喜び　〜笑いあり、涙あり、ドラマあり〜組織拡大の喜びを味わおう　林　信悟（2014年12月号）

その四　あなたを一人にしない　～全国に広がる「子育てママパパの会」のとりくみ
中田郁乃（2015年1月号）

【レポート】北海道檜山教組「Hug Cafe'」のとりくみ
椙木康展（2015年1月号）

その五　地域に身近な労働組合を　地域に開かれたイベントで組織拡大めざす
保科博一（2015年2月号）

その六　無理なく、楽しく、ためになる日常活動　～地域労組としての公共一般地域分会～
佐藤完治（2015年3月号）

その七　楽しさの真髄　―組合員一人ひとりが主人公、そして家族とともに
根本　隆（2015年4月号）

単行本化にあたり、各執筆者には、点検・加除修正をいただきました。また、第一巻その七（江花論文）と第二巻その七（根本論文）は統合し、「まとめ」とさせていただきました。

【編著者】
「秘伝」編集委員会（五十音順）
五十嵐建一　（全労連青年部書記長）
越後屋建一　（秋田県労連事務局長）
江花　　新　（自治労連中央執行委員、前全労連非正規センター事務局長）
蛯名　孝宏　（自治労連中央執行委員）
梯　　俊明　（映演労連書記長）
佐藤　完治　（自治労連山形県事務所組織拡大専任者）
清水　俊朗　（福祉保育労副執行委員長）
出口　憲次　（道労連事務局長）
中田　郁乃　（全教千葉教職員組合書記次長、前全教青年部事務局長）
根本　　隆　（全労連副議長）
林　　信悟　（愛知県医労連書記長）
平野　竜也　（岐阜県労連事務局長）
保科　博一　（東京・新宿一般労働組合執行委員長）
※それぞれの肩書きは、2015年9月現在

秘伝 組合活動の楽しみ方 —組合運営・組織拡大編—

2015年12月2日　初版発行　　定価はカバーに表示

「秘伝」編集委員会　編著

発行所　学習の友社
〒113-0034　東京都文京区湯島2－4－4
TEL 03（5842）5641　FAX 03（5842）5645
振替 00100-6-179157
印刷所　光陽メディア

落丁・乱丁がありましたらお取り替えいたします。

ISBN978－4－7617－1124－5　C0036

実践労働組合講座　全３巻

全労連・労働者教育協会　編

各巻　本体 1300 円＋税

第１巻　労働組合の活性化と日常活動

労働組合の基礎単位である単組・支部の活動に焦点をあて、豊富な実践例とともに運動の活性化、打開の方向を考えます。

第２巻　労働者の権利と労働法・社会保障

私たちが人間らしく働き生きるために、労働組合に団結してたたかうために、労働法と社会保障の基本について学びます。

第３巻　地域労働運動と新しい共同

「全労連運動の宝」である地域労働運動の歩みと到達を学び、草の根から新しい共同をどう前進させていくかを学びます。